Marie-Soleil

Données de catalogage avant publication (Canada)

Bourbonnais, Louise

   MARIE-SOLEIL

   ISBN 2-7604-0634-2

   1. Tougas, Marie-Soleil. 2. Acteurs - Québec (Province) - Biographies.
I. Titre.

PN2308.T68B68 1998   791.45'028'092   C97-941517-9

Couverture et cahier de photos: Gaston Dugas
Photo de la couverture: Jean Vachon
Infographie: Composition Monika, Québec
Première photo du troisième cahier: Stéphane Dumais

Les Éditions internationales Alain Stanké bénéficient du soutien financier du Conseil des Arts du Canada et de la Société de développement des entreprises culturelles (SODEC) pour leur programme de publication.

Distribué en Suisse par Diffusion Transat S.A.

© Les Éditions internationales Alain Stanké, 1998

Tous droits de traduction et d'adaptation réservés; toute reproduction d'un extrait quelconque de ce livre par quelque procédé que ce soit, et notamment par photocopie ou microfilm, est strictement interdite sans l'autorisation écrite de l'éditeur.

ISBN 2-7604-0634-2

Dépôt légal: Bibliothèque nationale du Québec, 1998

Les Éditions internationales Alain Stanké
615, boul. René-Lévesque, bureau 1100,
Montréal (Québec) H3B 1P5
Tél.: (514) 396-5151
Téléc.: (514) 396-0440

IMPRIMÉ AU QUÉBEC (CANADA)

LOUISE BOURBONNAIS

Marie-Soleil

Stanké

« Le hasard n'est jamais simplement qu'un hasard. »

« Oui le monde se divise en deux : il y a ceux qui me stimulent et ceux qui me tuent. Il y a ceux qui m'excitent, ceux qui m'encouragent, ceux qui m'incitent à me dépasser, ceux qui éclairent mes heures sombres, ceux qui me donnent envie d'inventer une issue quand je me crois prisonnière, et puis il y a ceux qui pissent sur les braises de mon enthousiasme, ceux qui étouffent ma flamme ou carbonisent mes envies, ceux qui m'interdisent de croire que tout est possible dans l'absolu. »

Sabine Euverte

L'auteure tient à remercier pour leur aide financière le gouvernement du Québec, la ministre de la Culture et des Communications, ministre responsable de la Charte de la langue française.

Un remerciement spécial à ma mère Francine pour son appui, ainsi qu'à Élizabeth Lamontagne pour ses encouragements.

Avant-propos

*L*orsque j'ai eu l'idée d'écrire un livre sur Marie-Soleil Tougas, j'ai d'abord voulu transmettre aux lecteurs l'admiration que j'avais pour elle et partager avec eux notre passion commune pour le pilotage. Marie-Soleil aimait l'aviation et tous les pilotes peuvent comprendre pourquoi. S'envoler, c'est quitter la terre pour un certain temps et choisir d'évoluer dans une autre dimension. C'est également se rapprocher des couleurs chaudes d'un coucher de soleil en toile de fond, sillonner le ciel dans un appareil que nous contrôlons et découvrir un sentiment de liberté insoupçonnable.

Mais voler n'est pas uniquement un plaisir passionnel: l'aviation permet de prendre conscience de l'éphémère. Lorsqu'un problème survient en vol, la vie prend brusquement un intérêt et une dimension incroyables. On s'accroche à elle et s'installe le désir de poursuivre son existence dans une sorte d'extase, même si la peur vient parfois l'atténuer. Voler est une drogue et, une fois dans l'engrenage, il est trop tard: on ne recule jamais.

C'est à l'aéroport de Dorval, en rentrant d'un voyage de presse le lendemain de la tragédie aérienne où Marie-Soleil et

Jean-Claude Lauzon ont trouvé la mort, que j'ai appris la nouvelle par un collègue journaliste qui attendait l'arrivée de Patrice Lécuyer et de Gaston Lepage, les témoins de l'accident. Comme tout le monde, j'avais peine à y croire puis, le sentiment suivant fut la crainte que plusieurs éprouvent de l'amertume face à l'aviation puisque c'est en pratiquant ce sport qu'elle a perdu la vie. Je fus donc saisie par le besoin de justifier sa passion au grand public.

Malgré le fait que Marie-Soleil était une passionnée du pilotage, j'ai vite réalisé que je ne pouvais faire un livre traitant uniquement d'aviation sans décevoir les lecteurs. J'ai donc décidé d'entreprendre une série d'interviews avec des personnes du milieu artistique afin de traiter de toutes les facettes de la vie de Marie-Soleil. Chemin faisant, on m'a conseillé d'établir un contact avec sa famille pour élaborer mon ouvrage. Ses parents ont accepté de participer à mon projet et je tiens à remercier sa mère, Micheline Bégin, et son père, Serges Tougas, de m'avoir offert leur collaboration en m'accordant de nombreuses entrevues malgré le chagrin qui persiste et qui n'est comparable qu'au terrible vide à affronter.

Parmi les nombreux témoignages publics qui ont suivi le décès de Marie-Soleil, plusieurs ont diffusé d'elle une image idyllique, proche de la perfection. Bien que Marie-Soleil ait mené une vie et une carrière exemplaires, elle avait tout de même quelques défauts et j'ai voulu faire ressortir ici sa personnalité, telle que la percevaient les quelque cinquante personnes que j'ai interrogées. J'ai aussi voulu livrer des confidences sur sa vie amoureuse, car je crois que sa grandeur d'âme prendra une dimension beaucoup plus significative sachant que, comme tous les êtres humains, elle a vécu des moments difficiles et qu'elle a su malgré cela, s'oublier pour se consacrer aux autres. Ainsi, les faits et les gestes de Marie-Soleil racontés dans ce livre sont authentiques et expriment le plus exactement possible la réalité.

Sa grande générosité, jumelée à sa personnalité exceptionnelle, ont fait d'elle un exemple de réussite et de sagesse dans l'accomplissement d'une vie. Un grand nombre de ses gestes pourront certainement inspirer plusieurs d'entre nous. L'unique raison d'être de ce livre est de rendre hommage à une jeune femme extraordinaire.

Louise Bourbonnais

Remerciements

Ce livre n'aurait pu être rédigé sans le précieux concours des nombreuses personnes qui ont accepté généreusement de témoigner. Je tiens à remercier sincèrement tous les proches de Marie-Soleil: parents, amis, collègues de travail et collaborateurs qui ont accepté de m'accorder des entrevues et m'ont livré des confidences sur la vie et la carrière de Marie-Soleil. C'est grâce à ces rencontres que ce portrait a été réalisé.

Airoldi, Jean	(designer et ami)
Bédard, Anne	(*Chop Suey*)
Bégin, Micheline	(sa mère)
Blouin, Carole	(directrice, École secondaire Ozias-Leduc)
Brillon, Nicholas	(ex-ami de cœur)
Chamberland, Michel	(ex-vice-président à la programmation, TVA)
Choquette, Alain	(ex-ami de cœur)
Colette, Nancy	(amie)
Delorme, Gilles-Philippe	(trésorier, Union des Artistes)

Dorval, Anne	(*Chambres en ville*)
Dussault, Louisette	(*Chop Suey*)
Fournier, Christian	(auteur, *Peau de Banane* et *Chop Suey*)
Gagné, Mariouche	(amie)
Gagné, Valérie	(*Chop Suey*)
Germain, Jean-Claude	(écrivain)
Grenier, Louis	(ami)
Labouret, Charlotte	(instructeure de vol et amie)
Lafleur, André	(chef instructeur ATL, Aéro-club de Montréal)
Lafontaine, Carmen	(professeure de musique)
Lamoureux, Michel	(professeur d'art dramatique)
Lavallée, Jean-Marc	(pilote, Aéro-Pro)
Lebœuf Marcel	(*Chop Suey*)
Lemay-Thivierge, Guillaume	(*Chambres en ville*)
Lupien, Lucette	(Semaine du français)
Malo, Linda	(*Jasmine*)
Marchand, Robert	(son agent de voyages)
Miquelon, Isabelle	(*Chop Suey*)
Mongrain, Guy	(*Fort Boyard*)
Montigny, Line	(sa belle-mère)
Pagé, Lorraine	(présidente de la CEQ)
Paquin, Madeleine	(gardienne)
Parent Marie-Julie	(amie et réalisatrice à TQS)
Payette, Sylvie	(auteure, *Chambres en ville* et *La Part des Anges*)
Plante, Pierre	(réalisateur, publicité Toyota)
Plourde, Marie	(animatrice et amie)

REMERCIEMENTS

Provencher, André	(vice-président programmation et directeur général de l'antenne à TVA)
Sacy, Hubert	(directeur général d'Éduc'alcool et vice-président de Communications bleu blanc rouge)
Tougas, Sébastien	(son frère)
Tougas, Serges	(son père)
Touzin, Pierre	(vice-président exécutif et directeur général d'Opération Enfant Soleil)
Tremblay, Christian	(ami et photographe)
Vachon, Éric	(ami)

Mes remerciements vont également à toutes les personnes qui ont contribué à cet ouvrage, mais qui ont préféré demeurer dans l'anonymat.

Chapitre I

Le bouleversement

Photo André Panneton

Dimanche 10 août 1997

La saison estivale bat son plein au Québec. L'été 1997 est particulièrement ensoleillé et chacun profite au maximum des journées bénies qui passent. On fait du rattrapage sur l'hiver, des provisions de vitamine D. Comme dans tous les pays nordiques, le culte du soleil atteint son maximum. Il faut se dépêcher d'en profiter, car, d'ici trois semaines au plus, la baignade aura perdu ses charmes, ce sera la rentrée scolaire et le retour au travail. Pour l'instant, les festivals se succèdent, les spectacles à ciel ouvert sont nombreux et les théâtres d'été ont la cote de popularité. Les grandes villes semblent être envahies, un peu plus chaque année, par les touristes du monde entier.

Pour bien des citadins, l'été est synonyme d'aventure. Les amoureux de la nature organisent des expéditions de camping sauvage et de pêche, qui à pied à travers bois, qui en canot traditionnel. Automobilistes et motocyclistes saluent la belle saison en prenant la route, tandis que ceux qui ont le privilège de posséder ou de pouvoir louer un avion de tourisme ou un petit hydravion s'envolent le plus loin possible, vers des lieux isolés, inconnus des foules qui s'agglutinent sur les plages. On fuit le tumulte citadin, on découvre ou redécouvre le Nord et le Grand Nord, bien loin de toute forme de civilisation.

Micheline descend de la moto. Les paysages sont magnifiques, mais la route est tout de même un peu longue. Sept-Îles semble être le bout du monde. Elle sourit à Daniel, son mari, qui a piloté depuis leur départ. Il semble heureux, pense-t-elle.

Oui, la vie a parfois ses bons moments. Ce soir on pourra se reposer à l'hôtel où, peut-être, présentera-t-on un bon film à la télévision. Micheline a une fille célèbre. Il s'agit de Marie-Soleil, issue de son premier mariage avec Serges Tougas, un publicitaire très connu dans la métropole. Elle est très fière de cette enfant, l'admire beaucoup mais, ce soir-là, sa fille n'accapare pas ses pensées, car la fatigue commence à la gagner.

* *
*

La programmation habituelle vient d'être interrompue. On diffuse un bulletin spécial: «Un avion de tourisme s'est écrasé dans le Grand Nord québécois à proximité de Kuujjuaq. Deux personnalités de la télévision et du cinéma ont perdu la vie dans ce tragique accident. Il est encore trop tôt pour dévoiler l'identité des deux victimes.»

– Non, pas encore un accident d'avion, dit aussitôt Micheline. Mais, qu'ont-ils dit encore? Un avion, un hydravion? Kuujjuaq?

Les mots résonnent dans sa tête et la terreur l'envahit. Insidieusement, une idée noire s'insinue dans sa conscience, y distille son poison. «Non, non, ce n'est pas possible, et s'il fallait que ce soit... non, ce n'est pas possible, non je ne veux pas! Pas ma petite fille!» Une fois le doute installé, il n'y a pas de retour en arrière possible. Il faut confirmer ou infirmer l'information, tenter d'en savoir plus long. Mais que faire si loin de chez soi, sur cette Côte Nord au bout du monde? Dans les cas d'urgence, le touriste se trouve toujours désemparé, même dans son propre pays.

Daniel essaye de contacter la police, mais en vain. Les forces de l'ordre n'ont pas l'habitude de révéler les mauvaises nouvelles au téléphone. Elles exigent des garanties. On a beau dire qu'on est de la famille, il leur faut des preuves. Autrement, ce serait trop facile. Les journalistes un peu trop fouineurs sor-

tiraient des *scoops* avant que les familles soient prévenues. On imagine sans peine la douleur de ces dernières, apprenant des tragédies touchant leurs proches à la radio ou à la télévision...
«Il doit bien y avoir un moyen de savoir. C'est peut-être une erreur, mais du même coup la coïncidence serait trop grande, pense Micheline. Et pourquoi faut-il que ce soit maintenant, alors qu'on se trouve à des centaines de kilomètres de chez soi? Quel sentiment d'impuissance! Il faut entrer en contact avec Serges. Peut-être sait-il quelque chose!»

Encore faut-il qu'il soit à portée de téléphone. Avec l'aide de la réceptionniste de l'hôtel, elle réussit finalement à établir la communication. La sonnerie retentit, puis c'est la voix de Serges au bout du fil. Déjà, Micheline pressentait que son ex-conjoint allait confirmer ses appréhensions les plus sinistres. En fait, le doute commence à faire place à la certitude. Son être tout entier le ressent. L'intuition des mères n'est pas un concept illusoire. Comme des incantations maudites, les mots terrifiants avaient résonné dans les haut-parleurs: «Cinéma, télévision, hydravion, Kuujjuak...» Ça ne pouvait être personne d'autre...

– Serges, c'est Micheline; je suis à Sept-Îles et je viens d'entendre un bulletin spécial, à la télévision, concernant un accident d'avion, je veux simplement m'assurer qu'il ne s'agit pas de Marie-Soleil...

À quoi peut-on penser en de tels moments? En Amérique du Nord, les personnalités médiatiques ou du monde des affaires sont légion à piloter des appareils de tourisme pendant la belle saison. Nombreux sont les Américains et Canadiens riches ou célèbres qui parcourent notre espace aérien. Cela ne semble arriver qu'aux autres, comme tous les accidents... Qui dit, d'ailleurs, que, cette fois-ci, il s'agit de Québécois? L'annonceur a pu se tromper. Peut-être n'est-ce qu'une coïncidence? Bref, en de tels moments, on ne veut probablement pas croire à l'incroyable, accepter l'inacceptable...

* *
*

20 heures 45. On sonne à la porte.

Line est à la maison et veille aux derniers préparatifs d'un voyage d'affaires et de villégiature. Elle est en train de placer soigneusement des vêtements dans sa valise lorsqu'elle entend sonner. Elle sourit. La journée s'annonce heureuse car, demain, une nouvelle vie s'amorce. Elle doit s'envoler avec son mari, Serges, pour se rendre en France, plus précisément en Provence, où ils espèrent pouvoir s'acheter une petite maison – un rêve que Serges chérit depuis déjà un moment. Elle laisse ses bagages pour aller ouvrir. À sa grande surprise, deux policiers sont là derrière la porte. Ils semblent mal à l'aise, comme des comédiens à qui l'on a imposé un rôle ingrat.

– On est bien chez Serges Tougas? demande brusquement l'un d'eux.

– Oui...

À ce moment précis, une foule d'idées traverse l'esprit de Line.

– Quelque chose ne va pas? demande-t-elle.

– Oui, effectivement, quelque chose ne va pas, répond le policier, de plus en plus embarrassé.

Il fait une pause puis continue.

– C'est au sujet de Marie Soleil...

– Quoi? A-t-elle eu un accident? demande Line, angoissée à l'extrême.

– Oui, dit le policier.

– C'est grave?

– Un accident d'avion... ajoute l'homme.

Serges s'approche du vestibule à ce moment-là, se demandant à quoi rime la visite de ces représentants de la loi.

Voyant Line assommée, presque tétanisée par la nouvelle, les policiers expliquent de nouveau à Serges la raison de leur visite. Line reprend ses esprits pour poursuivre son interrogatoire.

— Où est-elle en ce moment? À quel hôpital se trouve-t-elle?

C'est alors que, professionnellement, sur un ton neutre, le policier laisse tomber ces mots sans appels:

— Elle est décédée dans un accident d'avion, nous sommes désolés...

«Désolés! Désolés!», pense le couple. Facile à dire pour ces hommes... C'est évidemment l'expression consacrée, qu'ils utilisent à longueur d'année. Mais que peuvent-ils dire d'autre? Parfois le silence vaut mieux que les formules toutes faites.

Ni Line, ni Serges n'arrivent à croire à ce cauchemar. Les cris se mêlent aux pleurs et les questions se télescopent.

— Mais non, ça ne se peut pas, vous faites erreur, êtes-vous sûr qu'il s'agit bien d'elle? demande Serges.

— Absolument, sinon, nous ne serions pas ici. Toutes les vérifications d'usage ont été effectuées. Il n'y a aucun doute. L'accident est survenu vers 13 h 30 cet après-midi...

Que dire? Que faire? Le verdict est tombé. À cet instant précis, on n'a pas encore divulgué tous les détails de l'accident. Peut-être reste-t-il encore un espoir. On a vu de véritables miracles, des rescapés du Grand Nord et d'ailleurs qui, après s'être écrasés dans une sylve inhospitalière, ont survécu pendant des jours et ont été secourus par des prospecteurs, des bûcherons, des autochtones. Crasher son avion n'est pas la fin de tout. Des milliers de pilotes l'ont prouvé au cours des dernières guerres. Et puis, on se souvient de l'extraordinaire aventure de ces étudiants, membres d'une équipe de rugby, dont l'appareil s'est écrasé voilà quelques années dans la cordillère des Andes et qui ont réussi à survivre... Dans ces moments-là, on se raccroche à la moindre bribe d'espoir. On cherche des précédents. Néanmoins rongée par l'angoisse, Line reprend:

– C'est impossible... Je suis certaine qu'après l'accident, elle est sortie de l'avion et que vous ne l'avez simplement pas retrouvée. Peut-être est-elle dans la forêt?

– Non, elle est malheureusement décédée dans l'avion, ajoute sobrement le policier.

Pour Line et Serges tout devient confus et terrifiant à la fois. «Décédée», cet euphémisme respectueux pour ne pas dire «morte». L'innommable nommé. Qui n'a jamais souffert dans sa chair en perdant un enfant ne saurait comprendre. C'est un monde qui s'écroule.

Line trouvait cette histoire d'autant plus invraisemblable que, depuis toujours, elle considérait Marie-Soleil comme une personne exceptionnellement chanceuse. Tout ce qu'elle touchait lui réussissait. Les événements semblaient toujours tourner en sa faveur, comme si une bonne étoile veillait constamment sur son destin. Le talent, la beauté, la disponibilité de cet être d'exception lui conféraient comme un pouvoir magique qui transformait tout ce qu'elle approchait, la poussait à se dépenser sans compter pour de grandes causes, semblait tenir en respect tout ce qui est redoutable, comme les graves maladies et la mort précoce. Lorsqu'en vacances Line voyageait en avion avec Marie-Soleil, elle se sentait davantage en sécurité que lorsqu'elle se trouvait seule ou avec d'autres personnes. «Lorsque je suis avec Marie-Soleil, rien ne peut m'arriver», avait-elle coutume de dire.

Le couple n'a rien à ajouter. Chaque mot des émissaires de malheur – bien malgré eux – résonne implacablement. Que pense-t-on en de tels instants? Rien, peut-être. On continue à ne pas croire à l'inéluctable. On se trouve dans un état second et on se heurte aux murs de l'absurde.

Quelques minutes plus tard, la sonnerie du téléphone retentit. Serges décroche. Il s'agit de Radio-Canada qui désire confirmer l'accident concernant Marie-Soleil pour pouvoir l'annoncer. Malgré le choc, Serges Tougas reprend ses esprits et prie les gens de la radio-télévision d'État de retenir la nouvelle: «Vous devez attendre, dit-il en insistant. Sa mère n'est pas au courant et, de plus, elle se trouve en vacances à l'extérieur de la ville. Il sera difficile de la joindre. Je vous demande donc de faire preuve de discrétion...»

Radio-Canada décide néanmoins de diffuser un bulletin annonçant la tragédie, sans toutefois révéler l'identité des victimes. Quinze minutes ont passé depuis la visite des policiers. Le téléphone sonne de nouveau. Cette fois, c'est Micheline qui est au bout du fil... Toujours sous le choc, Serges demeure d'abord silencieux. Il ne peut que confirmer les appréhensions de la mère de Marie-Soleil en relatant ce qu'il sait de la tragédie.

De longues pauses se succèdent, où l'effarement se mêle à l'incrédulité. Maintenant que les parents sont informés, les médias peuvent aller à la curée, dévoiler l'identité des victimes. Au bulletin d'informations de fin de soirée, on apprend que la comédienne Marie-Soleil Tougas et le cinéaste Jean-Claude Lauzon ont tous deux péri dans un inexplicable accident d'avion.

En moins d'une journée, la nouvelle fait le tour du Québec. Les médias ne parlent que du tragique accident de Marie-Soleil Tougas. On répète à tous les échos comment l'hydravion des deux célébrités a pris feu quelques minutes après s'être écrasé sur le flanc d'une montagne en bordure de la rivière aux Mélèzes où elles se trouvaient pour une expédition de pêche. Les chaînes télévisées interrompent leur programmation habituelle, les émissions spéciales succèdent aux nombreux témoignages. Soudainement, plus rien n'est pareil. La jeune fée du petit écran, l'ange des téléthons est disparue. On ne pourra voir son sourire que dans les téléséries qui se poursuivent, dans des documents d'archives. Un sourire conservé sur support magnétique ou sur celluloïd. Mince consolation. Le public québécois pense souvent que les comédiens qui incarnent ses personnages favoris à la télévision sont immortels. Tout comme les parents de Marie-Soleil, il ne comprend pas, a du chagrin. Et pleure.

Chapitre II

Une petite fille douée

Collection personnelle

*L*es proches de Marie-Soleil s'accordent pour dire qu'elle était une enfant sage, posée et obéissante. Ils ajoutent que, toute petite, elle se montrait très vive d'esprit et avait un rare sens de la répartie. Elle préférait les jeux éducatifs à tous les autres divertissements et était avide d'emmagasiner de nouvelles connaissances. Il suffisait de lui expliquer quelque chose une fois pour qu'elle assimile le sujet avec une surprenante facilité.

Cette soif d'apprendre s'amplifia durant ses études. Tout au long de sa scolarité, elle se montra une élève exemplaire. Au primaire comme au secondaire, elle était première de classe, rien de moins; elle réussissait et excellait en tout. Ses professeurs la considéraient comme une enfant surdouée. Certains de ses relevés de notes indiquent «CT», parce que les ordinateurs ne pouvaient afficher les trois chiffres de cent pour cent.

Lorsque ses parents ont accepté qu'elle joue le rôle de Zoé dans *Peau de Banane* alors qu'elle n'avait que onze ans, la principale condition qu'ils lui imposèrent fut que ses études n'en souffrent pas. Il s'agissait là d'une précaution inutile, elle n'aurait pu agir autrement. En effet, tout au long de ses études, Marie-Soleil se montra sage, studieuse et disciplinée. En dépit du fait qu'elle avait, de concert, une carrière à mener à la télévision et des textes à apprendre, elle s'acharnait dans ses études et arrivait à se classer au premier rang. Son énergie et son esprit vif la plaçaient parmi les plus douées de son école.

Pour Marie-Soleil, il était normal d'être la meilleure. Elle avait coutume de dire à ses camarades de classe: «J'ai la chance d'avoir du talent et la facilité d'apprendre. Le moins que je puis faire, c'est d'obtenir de bonnes notes.» Sa mémoire photographique, sa pensée analytique la servaient grandement. D'autres dons du ciel!

En voulant démontrer à tout prix que son métier ne nuisait nullement à ses études, et désirant satisfaire les exigences de ses parents, elle devint un bourreau de travail dans tout ce qu'elle entreprenait. S'il lui arrivait de décrocher une note de quatre-vingt dix-huit pour cent à un examen, son père lui faisait remarquer que c'était bien, mais qu'elle aurait pu aller chercher les deux pour cent qui lui manquaient! Le français, les sciences et l'histoire faisaient partie de ses matières favorites. Son frère Sébastien nous raconte qu'elle était attirée par les professeurs les plus exigeants. Son professeur d'histoire, probablement le plus perfectionniste de son école, suscitait son admiration. Elle pouvait passer deux heures avec lui après la fin des cours pour s'imprégner de ses vastes connaissances en la matière. Très cultivé, il savait étancher sa soif d'apprendre.

Chaque période libre servait à l'étude. Pendant les enregistrements de *Peau de Banane* et de *Chop Suey*, sur le plateau, en attendant son tour, elle en profitait pour sortir ses livres et terminer ses travaux scolaires. Elle s'était arrangée avec ses professeurs pour ne jamais manquer d'examens durant les jours de tournage ou de répétitions. Ses efforts portèrent fruit. À la fin de son cours secondaire, elle se classa honorablement dans la course pour décrocher la médaille du Gouverneur général. Ce prix, accordé à l'élève qui s'est le mieux classé au cours des cinq années du secondaire, porte sur des notes cumulatives. Marie-Soleil arriva deuxième.

À la fin de son secondaire, son objectif était de poursuivre ses études au cégep et à l'université. Pendant une longue période de son adolescence, confrontée à sa carrière de comédienne, elle s'était remise en question et n'était pas tout à fait certaine de poursuivre ses activités télévisuelles. Consciente des avantages, mais aussi de la précarité qui caractérisent les métiers du monde du spectacle, elle tenait à compléter ses études. Au collégial, elle se dirigea d'abord vers les Sciences pures, au cégep Maisonneuve. Son rêve était de travailler dans le domaine médical, particulièrement dans la recherche de nouveaux médicaments. Mais on sait combien les sciences sont exigeantes et les quotas inhumains lorsqu'on désire embrasser certaines carrières médicales ou paramédicales. Accaparée par la télévision, elle manquait de temps pour étudier et craignait de ne pouvoir maintenir son rang de première de classe. Il allait être difficile pour elle de conserver des moyennes au-dessus de quatre-vingt dix pour cent en continuant à jouer. L'idée de ne pas maintenir de moyennes élevées était inconcevable pour Marie-Soleil.

«Me réorienter dans un domaine moins exigeant serait la solution», se disait-elle. C'est pourquoi elle décida de choisir l'option Lettres, au cégep Édouard-Montpetit, où elle s'est illustrée en recevant une bourse de distinction. Par la suite, elle amorça des études en littérature française à l'Université McGill mais, le jour où elle réalisa qu'il lui était impossible de remettre ses travaux correctement, par manque de temps, elle décida d'abandonner ses cours. Refusant de faire les choses à moitié, elle réalisait qu'il lui serait toujours possible, advenant le cas où sa carrière de comédienne se terminerait prématurément, de reprendre des études universitaires.

Famille et libre pensée

L'aspect studieux de sa personnalité constituait un héritage en droite ligne de sa mère Micheline et de son père Serges. Si son côté rangé venait plutôt de sa mère, elle tenait de son père la propension à aimer surprendre les autres par des paroles ou des actes étonnants. Le côté original de ses parents se manifesta d'ailleurs dès sa naissance, le 3 mai 1970, lorsque vint le moment de choisir le prénom qu'elle allait porter.

À cette époque, son père était affecté à la création de documents audiovisuels d'enseignement pour enfants. Il avait donné le nom de Marie-Soleil à un personnage-poupée qu'il avait conçu. Serges Tougas eut l'idée de donner ce prénom à leur fille, sachant pertinemment qu'il allait provoquer un effet de surprise. Micheline et Serges en discutèrent longuement, puis hésitèrent. Finalement, ils optèrent pour Marylène.

Bien qu'il s'agissait du prénom officiel inscrit sur son acte de naissance, étrangement, aucun d'eux ne l'appela jamais ainsi. Serges et Micheline utilisaient le nom de la poupée, chaque fois qu'ils s'adressaient à leur fille. Ce nom semblait lui convenir à merveille et c'est ainsi que le prénom de Marie-Soleil s'imposa. Ce n'est que lorsqu'elle approcha de ses cinq ans, lorsqu'il fallut l'inscrire à l'école, qu'on décida d'officialiser ce prénom en l'ajoutant sur le certificat de naissance.

Bien que Micheline et Serges fussent tous deux issus de familles catholiques, ils décidèrent d'un commun accord de ne pas la faire baptiser. Au risque de susciter la controverse, ils tenaient à leurs convictions et croyaient fermement que la spiritualité devait se vivre dans un contexte de vie, au quotidien, sans s'imposer quelque forme de rituel que ce fût.

La controverse se transporta d'ailleurs à son école où Serges Tougas dut rencontrer la direction pour faire valoir son point de vue. Pour les parents de Marie-Soleil, il était hors de question qu'elle assiste au cours de religion et, étant donné que les cours de morale n'existaient pas à cette époque, il pria la direction de l'école d'exempter sa fille de ce cours. Le Mouvement laïque de langue française marquait alors des points, mais il restait encore un long chemin à parcourir dans le monde de l'Éducation. La direction suggéra de la faire patienter dans le bureau de la secrétaire de l'école durant la formation religieuse. Serges refusa, d'autant plus que c'était à cet endroit précis que les enfants étaient gardés en retenue ; ce bureau représentait donc un lieu de pénitence.

– Il n'est pas question que ma fille se sente en punition parce que je ne veux pas qu'elle assiste au cours de religion! Déclara-t-il d'un ton qui ne laissait aucune place à la négociation.

– Je suis désolé, mais nous n'avons pas d'autre endroit surveillé où nous pourrions la garder, avait répondu le directeur.

– Ça, c'est votre problème!

Finalement, on trouva un compromis. La direction jugea que la bibliothèque de l'école était un lieu parfaitement neutre où Marie-Soleil pouvait demeurer sans problème durant l'enseignement religieux. En famille, les fêtes religieuses n'étaient pas passées sous silence. Après tout, ces fêtes faisaient partie de la culture québécoise. Ainsi, au moment où les autres élèves de l'école faisaient leur première communion, Marie-Soleil soulignait l'événement au restaurant. Comme bien des Québécois qui avaient subi les contraintes d'un clergé longtemps tout-puissant, les parents de Marie-Soleil étaient devenus libre penseurs.

Dès sa petite enfance, Marie-Soleil a bénéficié de la part de ses parents d'une attention plus soutenue que celle que reçoivent la plupart des tout-petits. Son père comme sa mère qui, tous deux, aimaient énormément les enfants, ne comptèrent pas leur temps. Il est même arrivé à son père d'emmener la petite fille à son bureau simplement parce qu'elle lui manquait. Toutefois, vers l'âge de cinq ans, cette attention parentale diminua quelque peu, car elle devait maintenant la partager avec son jeune frère, Sébastien, qui venait d'avoir deux ans.

Ayant perdu son exclusivité affective, Marie-Soleil essaya d'impressionner et de capter l'attention de ses parents en imitant son jeune frère, mais en vain. Consciente que ses comportements agaçaient, elle essaya les jeux de mots et les phrases inattendues. Elle s'exprimait de façon si étonnante et si réfléchie qu'on se demandait où une enfant de cinq ans avait bien pu aller chercher tout cela. Comme elle avait obtenu ce qu'elle désirait, elle poursuivait dans le même sens, ne serait-ce que pour conserver ses droits acquis. Enfant surdouée, elle savait ce qu'elle voulait et s'imposait en conséquence dans l'univers familial.

Le nid familial se brisa alors qu'elle n'avait que neuf ans. Son père et sa mère divorcèrent.

Sébastien se souvient que son père se levait à l'aube et, pendant que lui et sa sœur dormaient encore, il préparait leur petit déjeuner et leur lunch, puis repartait pour une autre journée de travail. Lorsque Marie-Soleil se levait, elle veillait sur son jeune frère et tous deux déjeunaient à la table que leur père avait dressée. Pour Marie-Soleil, cette période fut l'occasion de développer son sens des responsabilités. À neuf ans, elle se débrouillait déjà dans les magasins pour acheter ses vêtements. Là encore, elle se montrait très raisonnable dans ses choix.

Marie-Soleil fit toujours preuve de responsabilité, en particulier avec son frère Sébastien. Elle assura rapidement une certaine forme de protection maternelle envers lui. Et comme si ce rôle ne suffisait pas (elle avait alors quinze ans), avec l'accord de sa famille, elle devint la marraine de Vincent, le petit frère de son amie Mariouche.

Oui, Marie-Soleil aimait les responsabilités et en assumait beaucoup plus que la plupart des jeunes de son âge. Lorsqu'elle commença les enregistrements de *Peau de Banane* avec son frère Sébastien, elle le prit littéralement en charge. En studio, entre les tournages, elle lui disait:

– Viens, on va apprendre nos textes.

– Non, répondait Sébastien.

– Tu viens ici! insistait Marie-Soleil d'un ton sans réplique.

Son frère, beaucoup plus espiègle qu'elle, aimait jouer des tours aux techniciens sur les plateaux d'enregistrement. Réfléchie et posée, Marie-Soleil ne pouvait supporter ces tours pendables et exigeait qu'il se comporte de manière aussi raisonnable qu'elle. En fait, Sébastien prenait son travail de comédien comme une partie de plaisir, tandis que Marie-Soleil le considérait comme un engagement à accomplir avec rigueur. Gênée par l'attitude de son frère, elle s'en plaignait le soir à son père.

– Il dérange tout le monde... Il faut qu'il arrête! Et puis, qu'est-ce qu'ils vont penser de nous? disait-elle.

Devant l'insistance de Marie-Soleil, Serges Tougas avait finalement téléphoné au réalisateur pour en savoir davantage. Mais on le rassura rapidement. Sébastien aimait s'amuser, certes, mais la présence d'un gamin espiègle mettait de la vie sur le plateau et personne ne s'en plaignait. On trouvait même cela plutôt drôle.

– Écoute, expliquait Serges à sa fille, tu n'es pas sa mère. Laisse-le agir comme il l'entend. Et puis, il n'y a que toi qui te plaigne de son comportement...

C'était plus fort qu'elle: Marie-Soleil avait un petit côté «mère supérieure» qui la suivait constamment. Malgré ses efforts, Serges Tougas ne réussit jamais à changer sa fille sur ce point. Il convient de préciser qu'il lui laissait une grande latitude et qu'il a toujours fait en sorte qu'elle puisse s'exprimer franchement en toutes circonstances – un droit auquel ses parents tenaient et qui ne fut enfreint d'aucune façon. Pour eux, l'important était d'inculquer des valeurs à leurs enfants. Ainsi, ils insistaient pour qu'ils ne grimpent pas aux arbres. Ils leur expliquaient qu'il fallait respecter cet être vivant et comment, en grimpant, on risquait de lui briser une branche ou d'abîmer son écorce. Respecter la vie, certes, mais les individus encore plus. Contrairement à bien des couples qui règlent leurs problèmes par enfants interposés, le père comme la mère de Marie-Soleil n'ont jamais parlé en mal l'un de l'autre devant leurs enfants après leur divorce. Chez eux, le respect de l'autre constituait et constitue toujours une valeur fondamentale.

À quinze ans, Marie-Soleil a dû intégrer Line, la nouvelle conjointe de son père, dans sa vie. Cette dernière n'eut jamais besoin de jouer le rôle de mère ou de belle-mère. Marie-Soleil avait déjà une mère qu'elle adorait; cela n'empêcha pas Line de devenir pour elle une personne aux multiples ressources, alliant les qualités d'une grande sœur à celles d'une amie et d'une confidente.

Marie-Soleil a toujours aimé fréquenter des amies plus âgées qu'elle, notamment dans le milieu artistique. Comme elle les rejoignait sur les plans du professionnalisme et de la maturité, elles ne lui firent jamais sentir la différence d'âge qui pouvait exister entre elles et traitaient d'égale à égale avec la jeune fille. Elle a aussi cultivé des amitiés avec des personnes qui auraient pu être ses parents, par exemple avec l'auteur Guy Fournier et avec la comédienne Louise Deschâtelets. Durant la période du téléroman *Peau de Banane* et, quelques années plus tard, dans *Chambres en ville*, Marie-Soleil se montra très attachée à Louise.

Un œil sur la retraite!

Très tôt, elle alla consulter Gilles-Philippe Delorme, le trésorier de l'Union des artistes. Elle voulait avant tout comprendre en quoi consistait le fonds de retraite de l'Union et lui demander conseil sur des placements. Elle fut très certainement le plus jeune membre de l'UDA à s'informer du rendement du fonds d'épargne-retraite géré par l'organisation syndicale! Marie-Soleil lui posa une foule de questions et ne voulut le quitter qu'après avoir compris et maîtrisé l'information qu'elle était venue chercher.

– Je n'aurai pas toujours cet air de gamine que j'ai maintenant et je dois songer à mon avenir, lui confia-t-elle.

Ses parents lui avaient appris à épargner. Christian Fournier, l'auteur des téléromans *Peau de Banane* et *Chop Suey*, se rappelle très bien que, dès ses premiers cachets, le père de Marie-Soleil avait dit à sa fille: «Tu gardes un peu d'argent pour t'amuser et tout le reste, on le place.» Sage décision! Dans la jungle artistique, il n'est pas rare de connaître un succès retentissant pendant un certain temps, de devenir la coqueluche des médias, puis, avant même de s'en rendre compte, de voir la roue de fortune s'arrêter subitement.

Armée par cette mise en garde parentale, Marie-Soleil continuait d'expliquer son point de vue à Gilles-Philippe Delorme d'un ton déterminé:

– Même si je ne le fais pas, je veux pouvoir prendre ma retraite à quarante-cinq ans! Après tout, j'ai commencé à travailler à l'âge de onze ans...

Ce plan de retraite ne fut pas son seul placement judicieux. Marie-Soleil aimait surprendre en posant des gestes étonnants, mais en même temps, ses décisions étaient très souvent dictées par une maturité précoce et une remarquable sagacité. À vingt ans, elle avait déjà acquis une indépendance financière qui lui permettait de quitter le nid familial. Mais au lieu de louer un appartement, comme beaucoup de filles de son âge, elle décida de s'acheter sa maison. D'ailleurs, l'une des journées les plus mémorables pour Marie-Soleil fut celle où elle invita sa famille et ses proches à pendre la crémaillère dans sa nouvelle résidence. À ce propos, Marcel Leboeuf, un camarade de travail, nous précise: «À vingt ans à peine, il est particulièrement remarquable, d'être propriétaire d'une imposante demeure sans pratiquement avoir recours à un emprunt...»

L'impressionnante maison comptait plusieurs pièces, un garage double et une piscine creusée. Elle était décorée et meublée avec raffinement. Tout correspondait aux goûts de la jeune propriétaire, mais certaines de ses amies trouvèrent qu'une aussi grande maison convenait mieux à une famille qu'à une jeune célibataire. Pour sa part, Marie-Soleil était très fière de son choix, prenait plaisir à acheter des accessoires de décoration et s'émerveillait de tout. Semblable à une petite fille en train de décorer sa maison de poupée, un rien l'excitait et elle laissait toujours la gamine resurgir en elle. Gamine de cœur certes, mais avec un esprit avisé et des moyens de femme adulte. Marie-Soleil ayant vécu toute son enfance ainsi que son adolescence à Saint-Hilaire et la maison paternelle s'y trouvant toujours, c'est en partie pour demeurer près de la famille qu'elle choisit de s'y installer et d'y vivre sa vie d'adulte.

Marie-Soleil pouvait faire preuve d'une grande fermeté vis-à-vis de ses décisions et de ses choix. D'ailleurs, elle se préoccupait bien plus de la bonne gestion de ses finances que de son confort et succombait rarement à ces petits riens qu'on appelle produits de luxe. Même durant sa vie d'adulte, compte tenu de ses moyens, elle vivait de manière très raisonnable. Sans lésiner ni faire d'économies de bouts de chandelle, on peut dire qu'elle se gardait de dilapider ses biens. Autour d'elle, elle avait l'exemple de trop d'artistes, pourtant populaires et travailleurs, qui, après avoir mené grand train, tiraient le diable par la queue faute d'avoir su gérer leurs revenus. Faire de bons choix et prendre de bonnes décisions constituaient pour elle des leitmotive.

En plus d'être prudente sur le plan financier, sérieuse dans ses études et dans son travail, elle avait une façon de penser qui témoignait d'une rare maturité. Toujours très positive dans sa façon de voir les choses, elle abordait les situations les plus complexes de la manière la plus logique. Sébastien nous raconte que lorsqu'un obstacle se dressait sur sa route, elle se disait d'abord qu'il y avait une bonne raison à cela. Elle se demandait comment le contourner et, si elle n'y parvenait pas, envisageait le meilleur moyen de le renverser, de le piétiner et de passer par-dessus.

À quinze ans, comme elle en avait souvent l'habitude, Marie-Soleil se confia un jour à l'un de ses professeurs, Carmen Lafontaine. Elle lui fit remarquer: «Je ne comprends pas pourquoi toutes les filles de mon âge ont hâte d'avoir dix-huit ans. On dirait qu'elles ne savent pas profiter du moment présent...» L'enseignante fut surprise de réaliser que, déjà, son élève était consciente qu'à chaque étape de l'existence, il y avait de magnifiques choses à vivre.

Quelques années plus tard, alors que Marie-Soleil discutait avec une de ses camarades de travail et amie, Anne Dorval, cette dernière lui annonça être enceinte et lui avoua ses craintes:

– J'appréhende beaucoup mon accouchement, lui confia Anne. J'ai même peur de mourir en mettant mon enfant au monde.

– Mais comment peux-tu dire une chose pareille? répliqua-t-elle aussitôt. Moi, à quinze ans, j'étais prête à avoir des enfants. C'est la plus belle chose qui puisse arriver!

Marie-Soleil était bien trop sage pour se retrouver enceinte à quinze ans. Ses amies, Anne Dorval et Isabelle Miquelon, s'entendent néanmoins pour dire qu'à quinze ans elle aurait déjà pu être une mère extraordinaire, même s'il n'est pas normal d'assumer de si grandes responsabilités à un âge si tendre.

À la fin de sa vie, alors qu'elle n'avait que vingt-sept ans, Marie-Soleil avait déjà beaucoup vécu. Son désir de vivre et sa recherche du bonheur l'amenaient à vouloir alléger ses responsabilités professionnelles.

Chapitre III

Le sens du professionnalisme

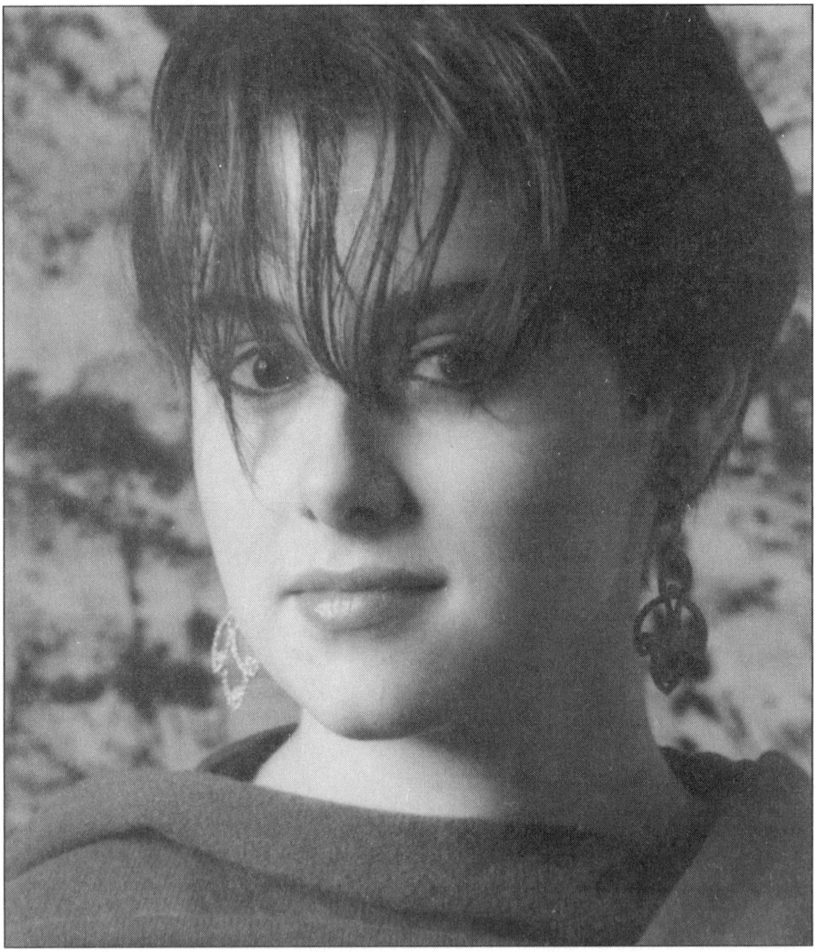

*U*ne stricte discipline et un professionnalisme pointilleux furent indiscutablement les atouts qui ont permis à Marie-Soleil de connaître une réussite éblouissante tout au long de sa carrière. Adorant son métier, elle s'y consacra entièrement. C'était un peu à son corps défendant qu'elle s'était retrouvée catapultée dans le monde du spectacle alors qu'elle n'avait que onze ans mais, toute jeune, on la considérait déjà comme une personne d'un professionnalisme exemplaire. Son jeune frère, Sébastien, avait été choisi pour jouer Renaud dans le téléroman *Peau de Banane*. Après plusieurs auditions, on était toujours à la recherche d'une jeune comédienne qui incarnerait sa sœur, Zoé. C'est finalement après une conversation téléphonique entre Guy Fournier, l'auteur, et Serges Tougas, son père, que ce dernier proposa:

– Sébastien en a une de sœur! Et elle serait sûrement très bonne. Elle s'appelle Marie-Soleil.

Guy Fournier trouva la proposition intéressante:

– C'est d'accord, on va lui faire passer une audition.

Marie-Soleil décrocha le rôle de Zoé avant même d'avoir terminé d'auditionner. Elle avait réussi au-delà des espérances de l'auteur.

Peau de Banane ne fut pas sa première prestation publique. À sept ans, lorsque le port de la ceinture de sécurité dans les voitures devint obligatoire, elle fut choisie pour une campagne publicitaire du ministère des Transports, intitulée «Tout le monde s'attache au Québec». C'est ainsi que ce slogan accrocheur, accompagné de la photo de Marie-Soleil, en fillette modèle suivant les consignes de sécurité, apparaissait, entre autres, sur toutes les cartes routières du Québec.

Dès le début de sa carrière, alors qu'elle n'était qu'une enfant, on pouvait constater à quel point elle faisait preuve de maturité et de conscience professionnelle. C'était à faire rougir de vieux routiers du métier... Dotée d'une mémoire incroyable, elle avait une facilité déconcertante pour mémoriser ses textes. Marie-Soleil ne se contentait pas d'apprendre son propre rôle. Elle connaissait les répliques de Sébastien, d'Yves Corbeil et de Louise Deschâtelets aussi bien que les siennes. Avant les répétitions, son père passait quelques heures avec ses enfants pour les faire pratiquer et trouver les intonations et les attitudes appropriées.

Un magnétisme fascinant

Lors de ses débuts dans *Peau de Banane*, Marie-Soleil faisait montre de réserve envers le personnel de Télé-Métropole. Elle ne parlait pas beaucoup aux autres, par crainte de déranger. Mais, très rapidement, elle se familiarisa avec tous les membres de l'équipe. Après quelque temps, elle se sentit aussi à l'aise dans les studios de TM que chez elle, et on peut dire que le plateau devint une sorte de second foyer. Les tournages de *Peau de Banane*, et, plus tard, de *Chop Suey*, ayant souvent lieu le week-end, l'ambiance de travail s'en trouvait détendue. Certains comédiens et techniciens amenaient leurs conjoints et leurs enfants sur les plateaux, ce qui créait une atmosphère vraiment familiale.

Des liens étroits se tissèrent ainsi entre les membres des équipes de tournage. Marie-Soleil avait sa façon bien à elle de tenir compte de tout le monde, y compris les techniciens, comme des gens faisant partie de la grande famille du spectacle. Elle n'oubliait jamais de les saluer personnellement et, en raison de sa nature très sociable, s'intéressait à chacun. Toujours à l'aise avec les membres de l'équipe, Marie-Soleil se montrait particulièrement respectueuse envers eux, consciente que son succès dépendait de ces indispensables artisans des plateaux de tournage.

Lorsqu'elle entrait en studio, son magnétisme était si grand que tout le monde avait envie de l'approcher. On ne tarda pas à l'adopter et à lui donner le sobriquet d'«Enfant chérie de TVA». Les équipes de production, tout comme la direction de Télé-Métropole, la percevaient comme une artiste chevronnée malgré son jeune âge. Durant un tournage, le point de vue des techniciens comptait beaucoup à ses yeux et elle arrivait à synthétiser tous les aspects de la production en assimilant rapidement les messages que les techniciens lui transmettaient. Les exigences de la production n'avaient plus de secret pour cette comédienne qui avait une vision globale de la production.

Ceux qui ne connaissaient pas Marie-Soleil l'auraient peut-être prise pour une enfant gâtée, et son titre non officiel «d'Enfant chérie du réseau TVA» ne faisait que renforcer cette image. D'autres entretenaient certains préjugés devant une carrière si bien remplie à un si jeune âge. Mais, dès qu'on l'approchait, les procès d'intention et les jugements catégoriques se dissipaient. Elle réussissait à séduire tout le monde par sa gentillesse et les attentions délicates qu'elle réservait à chacun et à chacune. Il suffisait de la côtoyer sur le plateau pour que son talent naturel saute aux yeux car, très tôt, son «métier» et son comportement suscitaient l'admiration.

«Une pour toutes! Toutes pour une!»

Lorsque Marie-Soleil s'en alla auditionner pour *Chop Suey*, avec Valérie Gagné et Anne Bédard, cette dernière avait déjà une opinion bien arrêtée sur elle.» J'ai étudié au Conservatoire de théâtre, je possède une formation de comédienne et je n'ai pas l'intention de perdre mon temps avec une fille plus jeune que moi qui, de plus, est inexpérimentée», disait alors Anne à ses proches. En fait, elle avait peur que sa future collègue n'agît un peu trop en enfant gâtée. Il faut préciser que, pendant cinq ans, Marie-Soleil avait joué Zoé, un rôle de petite fille impertinente dans *Peau de Banane*, et que la majorité des gens l'avait identifiée à ce personnage. Cette fois, le défi était plus grand: pour la première fois, elle devait jouer avec des personnes plus âgées, au même niveau qu'elles. Marie-Soleil n'interprétait plus le rôle d'une gamine insupportable, mais celui d'une jeune femme épanouie. En jouant le rôle de Judith Létourneau dans *Chop Suey*, elle incarnait, malgré ses seize ans, un personnage un peu plus âgé qu'elle, soit une jeune femme de dix-huit ans.

Anne Bédard rencontra Marie-Soleil pour la première fois lors des répétitions qui ont précédé les auditions. Agréablement surprise, Anne remarqua tout de suite le talent et le professionnalisme de sa partenaire «Ah! combien me suis-je trompée à son sujet...», devait-elle avouer. Malgré les cinq ans de différence qui existaient entre chacune des trois comédiennes –Valérie avait alors vingt et un ans et Anne vingt-six – la concurrence n'existait pas entre elles, pas plus que ces rivalités si fréquentes dans ce milieu compétitif où un engagement raté vous relègue souvent à l'assistance sociale. Chacune possédait une intégrité professionnelle qui assurait au trio une rare cohésion et savait qu'elle pouvait compter sur l'une ou l'autre de ses compagnes. Elles eussent pu paraphraser le légendaire cri de ralliement des Mousquetaires: «Une pour toutes! Toutes pour une!»

Chop Suey dura sept ans et demi et, pendant toutes ces années, Marie-Soleil fut la seule parmi tous les comédiens et comédiennes à avoir été présente pendant les deux cent vingt-sept épisodes. Pivot de la série, on la retrouvait dans la plupart des scènes. Elle se préoccupait de mettre à jour les comédiens absents de certains épisodes pour qu'ils puissent faire du rattrapage et s'ajuster à l'ambiance qu'exigeaient les nouvelles scènes. Elle donnait le ton et représentait un élément unificateur qui assurait la continuité des émissions.

Elle aimait jouer le rôle de leader, et tous les membres de l'équipe la reconnaissaient comme telle. Comme il lui suffisait de lire deux ou trois fois ses textes pour les retenir, ici encore elle connaissait les répliques des autres comédiens et ne dédaignait point de jouer le rôle de souffleur. Il lui arrivait de rappeler à l'ordre certains de ses camarades quand ils faisaient montre d'inattention ou de leur souffler la réplique dès qu'ils avaient un blanc de mémoire. «Hou! c'est ton tour!», disait Marie-Soleil d'un ton ferme, mais toujours avec une pointe d'humour dans la voix.

On ne pouvait changer sa façon d'être. Suivant de très près ses affaires, elle s'attendait à ce que les autres agissent comme elle. Si quelqu'un avait un doute sur quelque chose, c'était à Marie-Soleil – un vrai «juge de paix» – qu'on s'adressait. Et, bien sûr, elle avait réponse à tout. Elle représentait en quelque sorte le point de convergence de l'équipe. Tous les comédiens et comédiennes avec qui je me suis entretenue et qui ont joué avec elle dans *Chop Suey*, Valérie Gagné, Marcel Leboeuf, Anne Bédard, Isabelle Miquelon et Louisette Dussault, ont aimé leur expérience. On m'a répété que le travail se transformait souvent en partie de plaisir et, qu'avec elle, il régnait sur le plateau une atmosphère très spéciale, une sorte d'état de grâce. Certains se sont liés d'amitié avec cette organisatrice née et, en dehors du plateau, on aimait lui faire des confidences. Ce qui était d'autant plus impressionnant chez Marie-Soleil, c'est qu'en plus d'atteindre pratiquement l'excellence en tout, elle menait allègrement plusieurs projets de front.

Un jour, à la fin d'une journée de *Chop Suey*, elle confia à Isabelle:

– Bon, eh bien! moi je n'ai pas fini...

– Ah? Que fais-tu?

– Je m'en vais à Québec ce soir. Je dois prendre la parole dans une réunion.

— Mais on enregistre demain matin. Comptes-tu faire l'aller-retour dans la même soirée?

— Eh bien! oui. C'est rien...

— J'espère pour toi que ce n'est pas un trop gros truc...

— Non, non, avait répondu Marie-Soleil.

— Combien de personnes y aura-t-il? s'enquit Isabelle.

— Je ne suis pas certaine. Une centaine, peut-être...

— Quoi? Es-tu sérieuse? Es-tu suffisamment préparée? Sais-tu quoi dire? demanda Isabelle, inquiète pour son amie.

— Non, je ne suis pas encore tout à fait prête mais, en conduisant ma voiture, j'aurai tout le temps de me préparer, avait-elle conclu.

Surchargée de travail, la comédienne avait appris à bien s'organiser et à rentabiliser chaque minute de la journée. Très jeune, elle savait déjà gérer son temps en évitant de le perdre avec des choses inutiles. «Conduire de Montréal à Québec et ne rien faire d'autre que tenir le volant, il n'en est pas question...», aimait répéter Marie-Soleil. Ainsi, en se rendant à Québec, elle fit comme d'habitude. Au volant de sa voiture, tout en gardant un œil attentif sur la route, elle dictait son discours sur un mini magnétophone. Elle avait ainsi tout le temps nécessaire pour s'écouter, apporter les corrections et reprendre à nouveau son texte, jusqu'à complète satisfaction.

Même en pareilles circonstances, rien n'était vraiment improvisé. Deux semaines plus tôt, elle avait rencontré Hubert Sacy, d'Éduc'alcool, pour lui poser une foule de questions sur chacun des sujets qu'elle devait traiter. Rien n'était laissé au hasard. Elle voulait tout connaître et s'informait bien au-delà de ce qu'il était nécessaire de savoir pour le rôle qu'elle tenait. D'ailleurs, Hubert lui en faisait souvent la remarque.

— Mais voyons, Marie-Soleil! Tu exagères un peu. Personne ne va te demander cela!

— On ne sait jamais, mieux vaut tout prévoir.

LE SENS DU PROFESSIONNALISME

Hubert avait l'habitude de répondre à toutes ses questions. À maintes reprises, elle prenait le téléphone pour lui demander de nouveaux renseignements et ce, même si elle préparait une rencontre pour un petit groupe de personnes. Elle utilisait une technique éprouvée dans les «officines» de relations publiques et les cabinets politiques où, à la veille d'une déclaration officielle, on organise un remue-méninges entre les conseillers afin que ceux-ci formulent d'avance des séries de questions, même impertinentes ou saugrenues, semblables à celles que poseraient des journalistes à l'affût d'informations inédites ou de réponses contradictoires. Cet exercice a pour but d'aider les porte-parole à préparer des réponses satisfaisantes ou non incriminantes. Bref, elle avait compris que les meilleures improvisations sont encore celles que l'on prépare soigneusement.

– Bon, maintenant trouve-moi des données plus complètes, exigeait-elle.

– Mais non, ce n'est pas nécessaire, disait Hubert. Tu as déjà tous les éléments en main; et puis il y aura à peine une vingtaine de cégépiens dans la salle...

– Je veux tout savoir. Pas question de rester bouche bée devant une question ou un commentaire.

Qu'il s'agisse de quelques cégépiens ou de centaines de personnes, Marie-Soleil marquait toutes ses interventions par sa rigueur. Même si une telle attitude exerçait des pressions supplémentaires sur lui, Hubert Sacy appréciait cette facette un peu janséniste de la comédienne. Il lui arrivait de penser qu'elle en demandait un peu trop. Mais, en même temps, était très fier qu'elle s'investît avec tant d'enthousiasme dans les causes qu'elle soutenait.

Le lendemain matin, de retour sur le plateau de *Chop Suey*, prête à enregistrer une nouvelle émission, elle resplendissait comme d'habitude.

– Alors comment était-ce, hier soir? s'informa Isabelle.

– Bien, évidemment. Que crois-tu?

Pas de petits rôles. Seulement de petits acteurs...

Jamais la comédienne-conférencière ne se serait cantonnée à n'assumer qu'une présence superficielle. Marie-Soleil tenait à se distinguer en tout et ses ressources semblaient illimitées. Elle pouvait aussi bien être porte-parole pour un organisme – et prononcer impeccablement un discours – qu'animer un gala ou une émission de télévision.

D'ailleurs, Michel Chamberland, qui fut vice-président à la programmation à TVA pendant une bonne partie de la carrière de Marie-Soleil, avait été séduit par sa grande compétence en tant qu'animatrice. «Je connaissais son talent certain de comédienne par le biais des téléromans diffusés sur nos ondes, mais sa performance d'animatrice m'a littéralement impressionné, notamment durant le téléthon *Opération Enfant Soleil*», nous a précisé cet administrateur. Chamberland était tellement persuadé qu'un avenir en ce sens s'ouvrait devant elle, qu'il lui préparait déjà le terrain. La série *Fort Boyard* et le *Gala de la Griffe d'Or*, amorcèrent cette orientation.

Elle excellait avec le même bonheur dans une opération promotionnelle ou dans une campagne publicitaire. «Satisfaisant» ne lui suffisait pas. «Excellent» lui semblait toujours plus approprié. Elle avait également appris à répondre à toutes les attentes du métier, notamment les petits à-côtés comme les interviews pour les magazines. Elle savait se montrer professionnelle à tous les instants et demeurer extrêmement exigeante. Elle appliquait le vieux dicton selon lequel il n'y a pas de petits rôles, seulement de petits acteurs. Comme elle était très souvent sollicitée par la presse, son père – et agent – apprit au fil des ans à répondre aux journaux spécialisés:

– Des entrevues, on n'en accorde que deux par année.

Lorsqu'il décidait d'accepter, il fallait que ce soit bien fait. Tout était scruté à la loupe. Par exemple, tous deux se montraient très exigeants quant au choix du photographe, du styliste, du maquilleur et du coiffeur. Très photogénique, Marie-Soleil réussissait ses photos avec l'aisance des grandes cover-girls, ce qui n'est pas nécessairement donné à toutes les comédiennes. C'était toujours Marie-Soleil et Serges Tougas qui faisaient ensemble le choix final des photos à publier.

En plus de gérer la carrière de sa fille, Serges Tougas dirigeait son agence de publicité, Communications bleu blanc rouge. Mais c'est grâce au remarquable talent de Marie-Soleil que celle-ci parvint à décrocher d'importants contrats de publicité.

Vendre une voiture par sa seule présence

Son plus grand succès publicitaire fut, sans contredit, la campagne des concessionnaires Toyota. Pour Marie-Soleil, ce mandat représenta un défi auquel elle attachait beaucoup d'importance. Durant trois ans, elle enregistra chaque mois un message différent. Pour chacun d'eux, elle mit beaucoup de cœur à l'ouvrage tout en prenant plaisir à les tourner. Elle arrivait toujours à rendre l'ambiance du studio agréable. Pour la réussite du projet, on comptait sur un travail d'équipe où s'impliquaient plusieurs personnes. On connaissait bien les besoins du client, la campagne était menée tambour battant et on affectait les meilleurs à la réalisation. Producteur, réalisateur, concepteur étaient triés sur le volet. Sébastien, le frère de Marie-Soleil, qui travaille dans l'agence de son père, faisait également partie de l'équipe. C'est lui qui signait certains textes des messages publicitaires et il lui arrivait d'accompagner sa sœur sur le plateau. Marie-Soleil appréciait sa présence sur les lieux de tournage, car il avait une expérience de comédien et était toujours à l'écoute de ses besoins.

En novembre 1994, lors du tournage de ses premières campagnes pour les concessionnaires Toyota, c'était le réalisateur Pierre Plante qui assurait la réalisation des messages. Lorsqu'il apprit qu'il allait travailler avec Marie-Soleil, il fut très heureux d'avoir ce privilège mais, en même temps, ressentait une certaine nervosité. Comme il n'y avait pratiquement aucun décor ou accessoires, il fallait toujours travailler sur elle en très gros plans. Ainsi, toutes les expressions de son visage se révélaient des plus importantes. Pour Marie-Soleil, le défi était de taille, car contrairement aux téléromans où l'on se trouve habituellement à bonne distance des caméras et où l'on doit parfois exagérer certaines mimiques, on travaillait ici en gros plan. Comme dans le théâtre kabuki japonais, chaque détail en apparence insignifiant, chaque mouvement du visage étaient cruciaux. Pierre sut exploiter au maximum le jeu d'expressions qu'elle avait dans le regard.

Un des messages publicitaires qu'il eut le plus de plaisir à réaliser fut celui, assez ironique, où une queue de renard devenait le symbole dérisoire des rêveurs de Corvette, Camaro Z28, Mustang et autres impressionnants «gros cubes».

Dans un slogan qui a fait le tour du Québec: «Grosse cervelle, p'tite Tercel», Marie-Soleil était sans doute la seule personne qui pouvait donner de la noblesse à cette référence plutôt osée. Ce spot demeurera une pièce d'anthologie publicitaire. En fait, son talent aurait pu faire vendre des produits parfaitement prosaïques avec le même bonheur.

Dans ce milieu, on procède souvent à des changements dans les équipes de production. C'est ainsi que l'année suivante, Pierre Plante céda sa place à d'autres réalisateurs. Marie-Soleil, qui aimait bien avoir son mot à dire dans ce qu'elle faisait, demanda que l'on confie un nouveau message à Pierre Plante.

Pierre, qui admirait le talent de Marie-Soleil depuis le début, se sentit honoré de cette marque de confiance. Marie-Soleil aimait sa façon de travailler et, pour lui, il s'agissait là d'une indéniable preuve de reconnaissance. Ce réalisateur pourtant confirmé sentait que cette fois-ci, il lui allait falloir redoubler d'efforts pour ne pas la décevoir. Il était impératif qu'il se dépasse, qu'il aille au bout de son art. C'est pourquoi, dès que les répétitions commencèrent, il lui déclara:

– Marie-Soleil, je te remercie pour ton geste, mais réalises-tu à quel point maintenant pour moi la barre est haute?

– Bien voyons donc, Pierre, tu es le meilleur! avait-elle répliqué.

Graduellement, la nervosité initiale s'estompa et Pierre se rendit compte, une fois de plus, combien travailler avec elle était un véritable plaisir. Elle demeurait toujours au maximum de ses performances et restait très patiente, malgré que le tournage de chaque spot de trente secondes durait une journée! Elle s'intéressait à tous les aspects de la production; lors des visionnements, elle passait ses commentaires et suggérait des changements.

Pierre prenait chaque détail en considération et exigeait la perfection, d'autant plus qu'il avait été, plusieurs années auparavant, l'assistant de Jean-Claude Lauzon. Il savait pertinemment qu'une fois la production terminée, Marie-Soleil irait s'asseoir avec son ami Jean-Claude et que ce dernier critiquerait, pendant des heures, le fameux message de trente secondes. Cette supervision non sollicitée constituait pour Pierre une pression supplémentaire. Parmi les messages publicitaires que Marie-Soleil a tournés pour Toyota, celui qu'elle considérait le meilleur, malgré qu'elle ait éprouvé quelque difficulté à le tourner, fut celui où l'on apercevait un petit caniche bleu sorti d'un salon de beauté. Chaque fois qu'elle le voyait, elle riait aux éclats. On se souvient de la comparaison que l'on faisait entre une dépense inutile et les 228 dollars nécessaires pour la location de la Corolla:

«Une autre contravention!... 228 piastres, bravo!... 228 piastres de salon de beauté?... pour le chien! Non mais... Y en a-tu qui n'ont pas encore compris?»

Fait intéressant: le magazine spécialisé du monde de la publicité, *Info-presse*, souligna que ces messages avaient compté parmi les plus remarqués.

Un tandem à l'efficacité incomparable

«Performer» était une des grandes préoccupations de Marie-Soleil. Ne pouvant se contenter d'être «bonne», il lui fallait être la meilleure. La principale raison qui la poussait à aller toujours plus loin était son grand désir d'obtenir l'admiration de ses proches. Sa famille était sa source de motivation. Serges Tougas a la réputation d'être un homme exigeant et il entretenait des attentes élevées pour Marie-Soleil. Elle en était d'ailleurs consciente. Ce qui comptait par-dessus tout, c'était de réussir mieux que les autres. À l'instar de son père, elle aimait se démarquer de ses semblables et faire les choses différemment.

Au fil des ans, une grande complicité s'est développée entre Marie-Soleil et son père. Aux dires des gens du milieu de la télévision, ils formaient un tandem extrêmement performant, à l'efficacité incomparable. À ses débuts, c'est lui qui la faisait répéter et s'assurait qu'elle connaissait bien ses textes. Tout au long de sa carrière, il a su lui prodiguer de judicieux conseils. Quand venait le temps de négocier un contrat de travail, son père lui demandait:

– Dis-moi. À quel point tiens-tu à ce contrat?

– J'y tiens absolument! répondait Marie-Soleil.

– Dans ce cas, je ne pourrai pas demeurer aussi ferme que si tu y tenais moins.

Serges Tougas était un fin négociateur et savait aller chercher le maximum qu'il lui était possible d'obtenir. Lorsque l'on évoque le tandem Serges–Marie-Soleil parmi les membres de la colonie artistique, notamment chez Gilles-Philippe Delorme, le trésorier de l'Union des Artistes, beaucoup s'entendent pour dire que Serges Tougas a su faire de sa fille une personnalité publique, qu'il a su lui faire transcender ses rôles. «Elle a été privilégiée du fait qu'un homme tel que son père a pu être son agent», entend-on souvent.

Il savait, par exemple, reconnaître le bon moment pour accepter une interview à la télévision ou dans les magazines. Il estimait qu'opposer un refus aux médias permettait souvent de donner du recul à l'artiste, de ne pas la «surexposer», mais plutôt de la faire désirer. Il apprenait à Marie-Soleil à ne pas toujours accepter les nombreuses sollicitations pour des causes qu'elle aurait souhaité parrainer.

– Mieux vaut s'engager à fond dans les causes qui te tiennent vraiment à cœur, lui recommandait son père.

Étant donné l'immense affection qu'il portait à sa fille, son publicitaire de père n'a jamais compté ses heures ni ses conseils pour la guider. Pourtant, lorsqu'on lui fait remarquer à quel point il s'est révélé bon agent, il affirme en toute humilité: «Marie-Soleil et moi, on a appris le métier ensemble.» Selon lui, sa partie du travail était relativement facile, car les contrats déboulaient, tout simplement. Marie-Soleil était talentueuse. On n'en avait jamais assez, on la voulait au petit écran. Toujours cet état de grâce, toujours cet heureux coup du destin...

Lorsqu'on parle de Marie-Soleil dans les bureaux de la direction du réseau TVA ou encore avec des comédiens expérimentés, on nous raconte qu'elle avait une force intérieure qui la démarquait des autres, qu'elle était d'une race à part. Sa présence, son charisme, sa façon de magnétiser les gens du regard étaient chez elle des qualités innées.

Marie-Soleil faisait partie de l'élite artistique et possédait une présence que personne ne manquait de remarquer. Même dans une publicité, on l'écoutait, car elle crevait l'écran. Pour plusieurs, elle avait une présence magique. Elle était de la trempe des médaillés olympiques qui servent d'exemple aux aspirants à la plus haute marche du podium. Ses prestations professionnelles furent toujours impeccables, et l'on voyait combien elle investissait d'énergie dans ses projets. Des centaines de documents sont là pour le prouver.

On me dira peut-être qu'il est facile de faire l'éloge des disparus que l'on aimait, de magnifier leur grandeur d'âme, de les parer de toutes les qualités et d'oublier leurs défauts. J'essaie de ne pas tomber dans ce travers. Ayant au départ une indéfectible admiration pour l'héroïne de ce livre, il est normal que je lui rendre l'hommage qui lui est dû. Cependant, comme nous tous, elle avait ses côtés crispants et commettait des erreurs. C'est ce côté moins «organisé» qui, à mon avis, nous la rend si attachante.

Chapitre IV

Au-delà du professionnalisme : le perfectionnisme

Collection personnelle

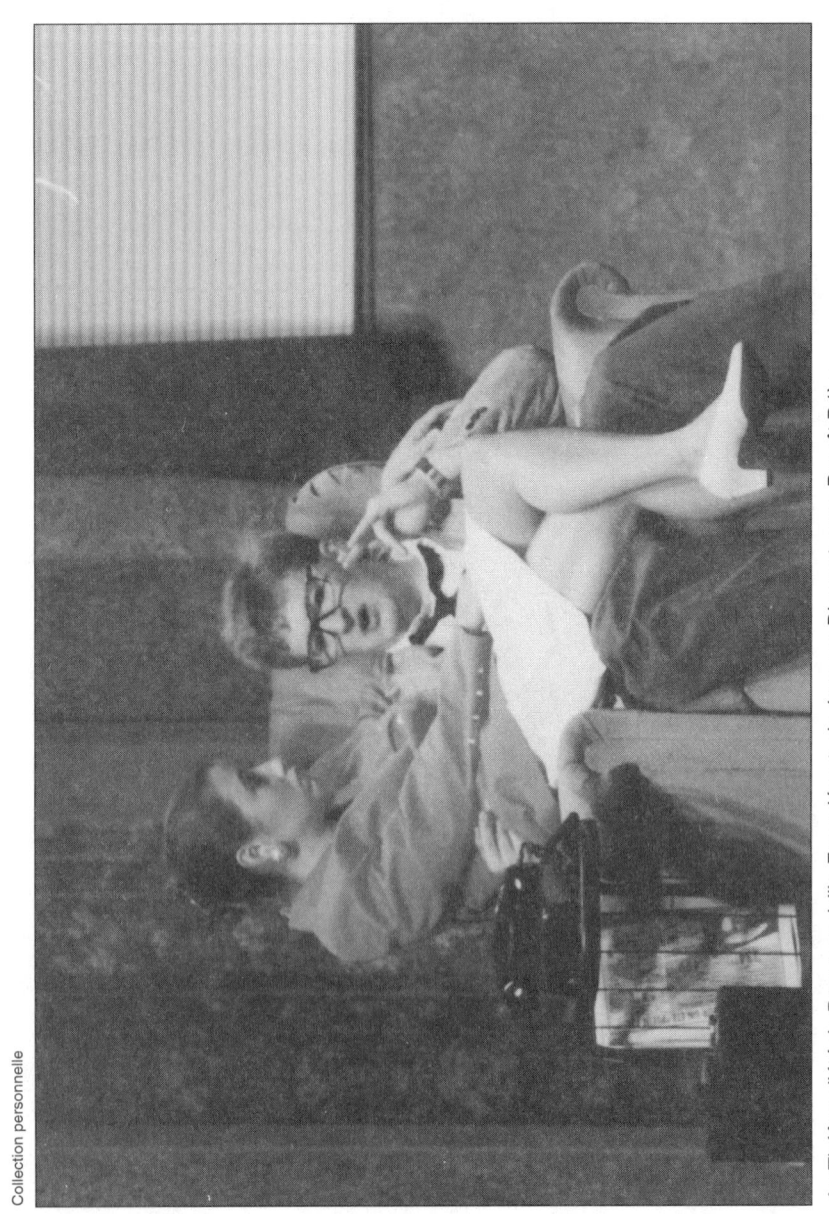

Au Théâtre d'été de Drummondville: Faux départ, *de Jacques Diamant, avec Benoît Brière.*

Marie-Soleil aurait pu se satisfaire de ses succès. Cette femme d'action, qui aimait les défis et voulait continuer à progresser, n'était jamais tout à fait satisfaite de ses performances. Il lui arrivait parfois de manquer de confiance en elle, même si elle paraissait toujours posséder la maîtrise de son métier.

D'ailleurs, pendant les premières années de sa carrière, elle n'arrivait pas à décider de se consacrer uniquement à son métier de comédienne et tenait à poursuivre des études universitaires. Car en plus de la précarité de la vie d'artiste, elle ne se croyait pas suffisamment douée pour persister dans ce milieu. On le sait: le doute est une marque d'intelligence et le commencement de la sagesse.

Changer de vie, changer de corps...

À l'époque de *Chop Suey*, Marie-Soleil sortait de l'adolescence pour devenir une femme. Elle a beaucoup mûri pendant ce temps, elle a modifié sa façon de jouer, et les épisodes ont évolué à son rythme. Ainsi, Judith, assise dans un fauteuil roulant, souffrant de sclérose en plaque, n'était pas du tout la Judith du début, qui racontait des histoires. L'auteur de *Chop Suey*, Christian Fournier, savait que Marie-Soleil cherchait à dépasser ses limites. Il a volontairement fait évoluer son personnage pour combler son besoin d'aller plus loin. Il sentait que si Marie-Soleil reproduisait trop souvent les mêmes gestes dans son jeu, c'était peut-être que ses personnages lui ressemblaient trop. En l'asseyant dans un fauteuil roulant, elle allait forcément devoir modifier son jeu, avait conclu Fournier.

— Marie-Soleil, ton rôle va changer du tout au tout, lui signala-t-il.

— Ah oui!

— Tu vas souffrir de sclérose en plaque et tu devras jouer dans un fauteuil roulant, continua d'expliquer Christian.

— Mais je ne sais pas faire ça! s'exclama alors Marie-Soleil, prise de panique.

— Eh bien! tu vas apprendre...

Ensemble, ils se sont rendus au Centre de Réadaptation de Montréal et ont rencontré une jeune femme, Angéla Venafro, qui souffrait de la redoutable maladie. Angéla était du même âge que Marie-Soleil. Avant sa maladie, elle était monitrice de ski alpin.

Aujourd'hui, elle travaille comme commis de bureau à l'Université de Montréal. Marie-Soleil voulait tout savoir, tout connaître. Elles se sont liées d'amitié et Angéla m'a précisé: «On a échangé nos numéros de téléphone et Marie-Soleil m'a même invitée en studio pour assister à un enregistrement. J'ai évidemment accepté et je garde de cette journée un souvenir mémorable.»

«Lorsque Marie-Soleil s'est procuré son fauteuil roulant, elle n'a pas perdu de temps pour l'essayer», nous raconte Christian Fournier. À peine sortie du magasin, sur le trottoir, elle l'a déplié et s'y est assise pour se rendre jusqu'à sa voiture. Au début, elle s'est enthousiasmée en allant de plus en plus vite, mais comme elle manquait de pratique, l'exercice ne fut pas facile. Au moment de traverser la rue au feu de circulation, le repose-pied s'est coincé sur le bord du trottoir, risquant de la faire basculer en avant. Pour ne pas tomber tête première, elle s'est instinctivement relevée, a soulevé le fauteuil et s'est mise à courir en traversant la rue, pour alors se rasseoir, à la plus grande surprise des passants. Par la suite, Marie-Soleil n'est plus jamais restée coincée. Elle a appris à se déplacer avec cet appareil en y consacrant les heures nécessaires. Quelque temps plus tard, elle entrait en studio assise dans son fauteuil et s'exerçait durant les pauses à le faire pivoter en n'utilisant qu'une main, comme le font les personnes réellement handicapées.

Où le mieux n'est pas l'ennemi du bien

Marie-Soleil était souvent intransigeante envers ceux qui arrivaient en retard, elle souffrait difficilement le laxisme, et se laissait rarement marcher sur les pieds. Lorsqu'elle avait un projet à cœur, elle allait toujours au bout de ses idées, prenant plaisir à les défendre jusqu'à l'obstination. C'était, selon elle, la seule façon de faire avancer les choses. Elle était même intolérante devant le mauvais goût, l'incompétence, la bêtise et la lenteur. Si, par exemple, elle n'était pas d'accord avec les décors, tout le monde le savait.

– Cette nappe-là, c'est laid! Il faut la changer.

Elle ne supportait pas non plus les gens qui ne sont pas à leur affaire. Très directe, s'il lui est arrivé de blesser certaines personnes, ce ne fut jamais volontaire. Quand quelque chose la rendait de mauvaise humeur, mieux valait se tenir sur ses gardes. On l'entendait taper du talon et on voyait venir l'orage.

– Faut que ce soit comme ça, parce que ça n'a pas de bon sens autrement, disait-elle simplement.

Ceux qui n'étaient pas contents pouvaient se rhabiller. Mais Marie-Soleil n'était jamais méchante et ses colères ne duraient guère. On ne se souvient pas qu'elle ait manqué de respect envers les gens. Souvent, elle passait ses commentaires en riant – un moyen pour que ses critiques ne soient pas mal reçues.

Son perfectionnisme pouvait devenir le défaut de sa qualité, mais, le plus souvent, on l'écoutait et on lui donnait raison.

Ayant des opinions sur tout, il pouvait lui arriver d'outrepasser ses compétences. La personne responsable devait alors s'imposer: «Attendez un peu, ce n'est pas à elle de décider.» Mais, comme l'ont affirmé ses collègues, elle avait rarement tort et on se pliait à la plupart de ses exigences.

Si elle commettait une erreur, elle le savait et se fâchait contre elle-même; nul besoin de lui en faire reproche. Quand il lui arrivait de ne pas être satisfaite d'une scène qu'elle venait de jouer, elle insistait pour la reprendre. Mais, à son grand désarroi, souvent la scène était jugée satisfaisante. Elle trouva donc un truc pour y remédier: dès qu'elle réalisait qu'elle pouvait faire mieux, elle faisait intentionnellement une gaffe majeure au milieu du tournage, obligeant ainsi à tout reprendre. Pour elle, le mieux n'était jamais l'ennemi du bien.

Si quelqu'un avait quelque chose à reprocher à Marie-Soleil, il avait tout intérêt à avancer de bons arguments, car elle avait réponse à tout. Certains lui ont justement reproché sa fermeté, car même avec de bons arguments, on pouvait difficilement la faire changer d'avis. Toutefois, au fil des ans, elle a appris à mettre de l'eau dans son vin. Consciente de ses impatiences, elle faisait des efforts significatifs pour y remédier.

Vers d'autres rôles

Contrairement à bien d'autres comédiens qui peuvent jouer toute leur vie de la même façon, Marie-Soleil poursuivait sa quête de l'excellence en améliorant constamment son jeu. Au fil du temps, elle a cessé de reproduire les gestes qu'elle avait souvent appris en observant des acteurs plus expérimentés. Elle a cherché à l'intérieur d'elle-même de nouvelles émotions. C'est à ses débuts dans *Chambres en ville* qu'elle a appris à vraiment jouer l'amour, la joie, le désespoir, la colère, et à nuancer chaque état d'âme.

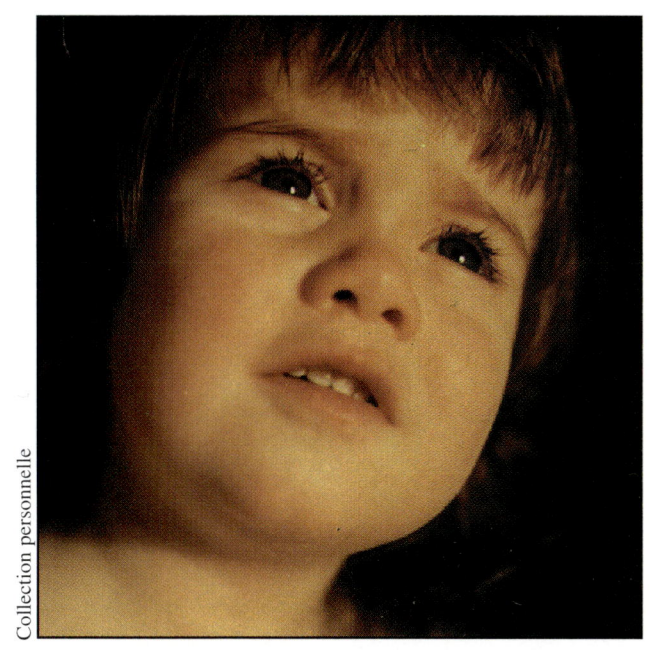

La petite Marie-Soleil à deux ans.

À cinq ans, elle avait l'esprit vif et était toujours avide d'apprendre de nouvelles choses.

Collection personnelle

Aux côtés de Nicholas Brillon, son premier grand amour, lors de son bal de graduation.

À 21 ans, Marie-Soleil avait décidé de partir seule pour l'Australie. Elle profita de ce voyage pour se rendre aux îles Fidji afin d'y pratiquer la plongée sous-marine.

Le groupe d'amis très solidaires dont Marie-Soleil faisait partie. De gauche à droite: Marie-Soleil, Christian, Eric, Anne-Marie, Benoît, Danyka, Eric et Nancy. N'apparaissent pas sur la photo: Nicholas Brillon et Martin Chabot.

Marie-Soleil et son amoureux, le magicien montréalais Alain Choquette, à l'époque où ils coanimaient l'émission Montréal-les-Îles.

Collection personnelle

Collection personnelle

Plusieurs aimaient son petit air espiègle, surtout lorsqu'elle prenait plaisir à raconter des gauloiseries.

Collection personnelle

À son retour de Grèce, où elle s'était fait raser le crâne.

À l'étranger, Marie-Soleil adorait s'entretenir avec des gens de différentes cultures. On la retrouve ici lors de son voyage au Maroc, en 1995.

Avec le cinéaste Jean-Claude Lauzon, son ami de cœur, lors d'un voyage en moto dans le désert américain, en 1995.

Comme le dit la chanson: Elle ne craignait personne en **Harley-Davidson.**

Marie-Soleil avait pris l'habitude d'accompagner Jean-Claude Lauzon dans le Grand Nord québécois.

C'est Jean-Claude qui l'avait initiée à la pêche.

De retour d'une expédition fructueuse.

Son compagnon le plus fidèle : « Boussole », le chien de Jean-Claude.

Marie-Soleil s'apprête à décoller pour une autre expédition.

La comédienne Louise Laparé, conjointe de Gaston Lepage, faisait partie du groupe d'amis de Jean-Claude et de Marie-Soleil.

Gaston Lepage et Marie-Soleil.

*Comme toujours, prête à relever un nouveau défi,
le sourire aux lèvres.*

Collection personnelle

Michel Arcand, un autre des nombreux amis de Marie-Soleil.

La «belle blonde», profitant d'un moment de détente.

Collection personnelle

Au «Castor», le chalet de Jean-Claude Lauzon et Gaston Lepage. Les propriétaires avaient décidé d'aménager la rivière et de fabriquer leur propre électricité.

AU-DELÀ DU PROFESSIONNALISME: LE PERFECTIONNISME

Le défi était d'autant plus grand qu'elle n'avait pas de formation en art dramatique. Elle aurait souhaité suivre des stages de perfectionnement, mais le temps lui manquait, et elle craignait le jugement des autres. D'ailleurs, elle voyait cette crainte comme une lacune.

Grâce à la complicité de comédiens d'expérience et aux judicieux conseils des auteurs, elle apprit en travaillant les véritables techniques du métier. Sylvie Payette lui a montré à toujours se contrôler en interprétant un rôle. Le véritable comédien peut, par exemple, pleurer, puis s'arrêter au moment où il le désire, en conservant la pleine maîtrise de lui. Il ne doit jamais laisser transparaître ses véritables émotions. Souvent Marie-Soleil était impressionnée de voir à quel point il était facile pour certains acteurs de verser des pleurs. De temps à autres, lors des répétitions, elle s'emportait: «Moi, je ne suis pas capable de pleurer comme ça!» Mais elle finissait toujours par y parvenir. Et, quand elle arrivait sur le plateau d'enregistrement, elle était toujours bien préparée.

Quelque temps avant de décrocher le rôle de Roxanne, dans *Chambres en ville*, elle avait confié à son amie Isabelle:

– J'ai peur de ne plus obtenir de nouveaux rôles.

– Mais voyons, tu as un talent naturel. Ne t'inquiète donc pas!

– Oui, mais je ne veux pas être Marie-Soleil qui joue Marie-Soleil toute ma vie.

En ce sens, elle faisait preuve d'une extraordinaire lucidité.

Bien que le personnage de Judith fût bien plus strict et colérique que Marie-Soleil, elle était consciente qu'il lui ressemblait trop. En effet, et ce ne fut jamais un secret pour personne, Christian Fournier avait écrit *Chop Suey* en fonction de Marie-Soleil. Le rôle de Judith avait été conçu pour elle sur mesure. Loin de consentir à cette facilité et se laisser porter par la vague, elle souhaitait avancer davantage. Elle désirait relever un défi plus grand, être celle qui s'adapte au personnage et non l'inverse.

Lors d'une soirée de remise des prix Gémeaux, accompagnée de Grégory Charles, elle croisa Sylvie Payette à la sortie.

— Savais-tu qu'on va bientôt travailler ensemble? lui dit Sylvie.

Tout de suite les yeux de Marie-Soleil se mirent à pétiller.

— Ah! oui? s'exclama-t-elle.

— Oui, on va travailler ensemble pour le Salon de la jeunesse. Je suis en train d'élaborer un concept et tu seras l'animatrice, expliqua Sylvie.

Immédiatement le regard lumineux s'assombrit.

— Ah!... dit Marie-Soleil d'un ton déçu.

Grégory, qui savait bien que Marie-Soleil désirait à cette époque jouer dans le téléroman *Chambres en ville*, intervint:

— Là tu viens de la décevoir, dit-il à l'attention de Sylvie.

Ce n'est que quelque temps après cette fameuse rencontre que Marie-Soleil fut convoquée pour auditionner pour *Chambres en ville*.

Cette fois-là, contrairement à *Chop Suey* où le rôle lui avait été accordé avant même d'auditionner, il lui fallait faire ses preuves et elle en était consciente. Comme elle tournait encore *Chop Suey* à cette époque, elle se confia à Isabelle à la fin d'une répétition. «Je dois auditionner demain pour *Chambres en ville* et je crois que je ne l'aurai pas», lui dit-elle, morte d'inquiétude. Mais, une fois de plus, son talent joua et elle décrocha le rôle.

Le professeur avait raison

Plus jeune, alors qu'elle étudiait à la polyvalente Ozias-Leduc, elle s'était liée d'amitié avec un professeur d'art dramatique, Michel Lamoureux, qui donnait des cours d'improvisation et de théâtre à un groupe d'étudiants. Le «chum» de Marie-Soleil, Nicholas Brillon, faisait partie de cette troupe de théâtre. Elle allait souvent le chercher avec sa voiture à la fin des répétitions. Même si elle avait refusé de se joindre au groupe, elle acceptait d'écouter quelques conseils que le professeur lui donnait quand ils étaient seuls. Au début, Michel se permettait certaines remarques.

– Tu sais Marie-Soleil, tu as beaucoup de talent, mais je suis sûr que, dans ta dernière scène de *Chop Suey*, tu aurais pu aller plus loin.

La plupart du temps, Marie-Soleil ne tenait pas compte de ses conseils. D'ailleurs, peu de gens de son entourage se permettaient de la critiquer. Certains comédiens expérimentés lui reprochaient son timbre de voix un peu trop aigu, mais ces reproches, venant des gens du milieu, passaient beaucoup mieux que ceux de Michel avec qui elle argumentait souvent. L'infortuné professeur en prenait pour son grade.

– Pour qui te prends-tu pour me dire des choses pareilles? lui répondait Marie-Soleil du tac au tac.

Il n'avait plus qu'à s'incliner. Toutefois, cette attitude changea le jour où elle assista à une pièce de théâtre que Michel avait montée et où jouait Nicholas Brillon. Elle était consciente de l'importance que son ami de cœur attachait à ses encouragements et fut d'abord surprise par son talent. Même s'il s'agissait de théâtre amateur, elle fut aussi étonnée de la qualité de la pièce. À partir de ce jour, Michel gagna de la crédibilité à ses yeux.

Elle garda toujours le contact avec Michel. Au fil des ans, il devint même une espèce de coach non officiel, particulièrement durant la période de *Chambres en ville*. Un jour, ce fut elle qui prit les devants. Marie-Soleil avait une scène difficile à jouer avec Francis Reddy, «Pete» dans *Chambres en ville*. Elle voulait partager ses craintes avec Michel. Elle prit le temps de lui expliquer tous les détails de la scène.

Comprenant exactement ce que Marie-Soleil voulait dire, il lui expliqua:

— Écoute, tu sais saisir les choses au-delà des apparences. Tu es capable d'aller chercher la tristesse au fond de toi. Il ne faut pas que tu lui dises que tu as mal, il faut voir que tu as mal.

Cette fois-ci, elle écoutait attentivement, sans mot dire.

— Tu dois le regarder dans les yeux, et il doit comprendre la peine que tu as, uniquement en te regardant. Tu dois te concentrer sur l'attitude et tu verras que les mots te viendront facilement.

Même si Marie-Soleil n'était pas toujours d'accord avec lui, elle lui demandait régulièrement conseil.

Marie-Soleil était également consciente du rôle qu'elle jouait dans la société auprès des jeunes. Toujours dans *Chambres en ville*, lorsque Caroline s'est vue confrontée au sida, Marie-Soleil savait bien qu'il fallait aller au-delà du téléroman et combattre les nombreux préjugés qui existent envers les sidéens. D'ailleurs, elle s'est engagée personnellement dans la lutte contre cette terrible maladie. Plus jeune, elle avait coanimé l'émission «Le sida, faut que j't'en parle», aux *Beaux Dimanches*. Elle avait également participé à la publicité «L'amour, ça se protège».

Son engagement social fut remarqué très jeune dans ses campagnes publicitaires pour la Centrale de l'Enseignement du Québec. Elle qui excellait dans ses études avait toujours fréquenté l'école publique. Elle fut pressentie par la direction de la CEQ comme porte-parole pour rehausser l'image d'une école publique injustement critiquée par les défenseurs du «privé à tout prix», souvent mal informés.

Marie-Soleil était perfectionniste et faisait preuve de détermination dans tous les aspects de sa vie.

Mais l'entraînement et les sports étaient certainement les choses où Marie-Soleil avait le plus de difficulté à se discipliner. Tenant à être en forme, elle avait installé chez elle des appareils d'exercices, mais ne les utilisait qu'avec une régularité toute relative. Dans certaines émissions, il lui fallait pourtant déployer des qualités athlétiques, notamment dans *Fort Boyard* et *Les Débrouillards*. Voulant toujours être la meilleure, elle se débrouillait pour figurer honorablement dans les scènes où les performances physiques avaient leur importance.

Vers des rôles plus étoffés

Son acharnement à réussir porta fruit car, à mesure que les années passaient, les rôles qu'on lui attribuait devenaient de plus en plus complexes. Elle devait interpréter des scènes plus dramatiques et, selon elle, c'était bien ainsi. En 1992, Marcel Lebœuf lui proposa d'interpréter un rôle dans *Faux départ*, au Théâtre d'été de Drummondville. Il s'agissait d'une pièce de Jacques Diamant, mise en scène par Denis Bouchard. Cette fois, le défi était de taille. N'ayant jamais fait d'école de théâtre, elle avait peur de ne pas être à la hauteur.

Elle fonça. Marcel Lebœuf l'avait beaucoup encouragée, car il était convaincu qu'elle était capable de surmonter toutes les difficultés. Déterminée à réussir, elle mobilisa son énergie et s'appliqua avec rigueur. Elle a adoré l'expérience théâtrale, qui représentait pour elle une nouvelle étape dans sa carrière. Elle apprécia travailler avec ses camarades de scène, Benoît Brière et Louis-Georges Girard.

Malgré cela, Marie-Soleil se sentait cantonnée dans des emplois de comédienne plutôt que d'actrice. Au sens américain, une comédienne évolue au petit écran alors qu'une actrice joue au cinéma. Et Marie-Soleil rêvait de devenir actrice, d'obtenir un rôle dans une télésérie ou au cinéma.

Elle atteignit son but en 1996 lorsqu'elle décrocha le rôle d'Armande dans la télésérie *Jasmine* de Jean-Claude Lord. Ce dernier avait demandé de la faire auditionner, après l'avoir remarquée dans la publicité «Grosse cervelle, p'tite Tercel». Pour sa part, André Provencher, vice-président de la programmation à TVA, avait accepté d'intervenir en sa faveur auprès de Pierre Gendron, le producteur, ainsi que de Jean-Claude Lord, le metteur en scène, pour qu'on lui accorde le rôle. C'était là un geste inhabituel de sa part.

Pour Marie-Soleil, qui avait fait preuve de fidélité au réseau TVA et avait maintenu une présence sur chaque grille horaire durant plus de quinze ans, il ne s'agissait ni d'un passe-droit ni d'une faveur. André Provencher était conscient de l'importance qu'elle accordait à jouer dans une télésérie afin de parvenir à enlever l'étiquette qui lui collait à la peau.

La télésérie *Jasmine* représentait pour Marie-Soleil un défi plus grand que tout ce qu'elle avait accompli jusqu'alors. Jouer dans une série de grande envergure était plus prestigieux que de tourner dans un téléroman. Pour elle, il s'agissait d'une nouvelle adaptation et elle était consciente qu'elle devait faire ses preuves. Lorsque son père a lu le contrat, il a voulu mettre Marie-Soleil en garde:

– Ce ne sera pas facile. Tu vas jouer le rôle d'une prostituée. Il y aura des scènes de nudité et tu te retrouveras au lit avec un paraplégique, ça «magane» une image! lui expliqua-t-il.

– J'aime le personnage, c'est une télésérie, et peu importe.

C'était justement le côté «rocker», délinquant et marginal du personnage d'Armande qui l'attirait, car, depuis déjà un

AU-DELÀ DU PROFESSIONNALISME: LE PERFECTIONNISME

moment, elle souhaitait briser l'image de petite fille modèle qu'elle projetait trop souvent dans les rôles qui lui étaient confiés. Avec Armande, elle allait devenir l'antithèse de ce qu'elle avait toujours été.

Marie-Soleil s'était préparée dans les moindres détails. Quelque temps avant le tournage, elle avait rencontré son amie Marie Plourde. Comme cette dernière fumait à l'occasion, elle la supplia: «Il faut que tu m'apprennes à fumer. Je vais jouer le rôle d'une prostituée qui fume et je n'ai jamais fumé de ma sainte vie; ça va se voir à l'écran», lui avait-elle dit. C'est donc Marie Plourde et le cinéaste Pierre Falardeau, qui se trouvait dans les parages, qui l'ont initiée à fumer et à tenir correctement une cigarette. Marie-Soleil, qui était plutôt maladroite la cigarette au bec, les avait fait mourir de rire, particulièrement Falardeau, dont l'humour grinçant et l'éternel mégot sont légendaires.

Sur le plateau de tournage, Marie-Soleil déploya la plus grande patience. Elle savait qu'elle avait beaucoup à apprendre. Entre les scènes, elle ne décrochait jamais de son rôle. Elle était toujours Armande, continuait à porter ses shorts très courts, à fumer et à mâcher sa gomme de manière bovine, comme on imagine souvent les filles de rue. Elle demeurait constamment dans son personnage très urbain, très dur, mais qui n'en possédait pas moins de grandes qualités.

Durant l'enregistrement, elle ne tarda pas à établir une magnifique complicité avec Linda Malo, qui incarnait Jasmine, et Dave Richer, le paraplégique. Ce dernier apprécia beaucoup Marie-Soleil car elle agissait avec lui comme avec n'importe quel autre comédien et son handicap ne le rendait pas différent à ses yeux. Les tournages terminés, elle continua à entretenir des liens avec Dave. Cela lui donna l'occasion, entre autres, de rendre visite aux personnes handicapées de l'école où il dispensait des cours de théâtre, afin de leur parler de son métier. Lorsque Marie-Soleil termina les enregistrements de la série *Jasmine*, elle eut le sentiment d'avoir appris quelque chose et d'avoir avancé dans sa carrière. Elle fut heureuse de travailler aux côtés de Jean-Claude Lord qui, tout au long de cette expérience, se révéla pour elle, un excellent coach.

Bambie meurt avec elle

En 1997, sa carrière devait prendre un nouvel essor avec le dernier téléroman de Sylvie Payette, *La Part des Anges*, à Radio-Canada. Travailler pour un autre réseau constituait un nouveau défi, autant que celui de jouer avec des comédiens d'expérience comme Michel Dumont. Elle fut dans un premier temps convoquée pour une audition, en vue de jouer le rôle d'Isabelle. L'équipe de production eut quelques hésitations à le lui accorder. On croyait à son talent, mais le personnage d'Isabelle se trouvait aux antipodes de celui de Marie-Soleil. Il s'agissait d'une femme peu diserte, dominée par les autres. On préféra donc la faire auditionner à nouveau pour un autre rôle, celui de Bambie. C'est Sylvie qui a dû lui annoncer la décision.

– Écoute, Marie-Soleil, on va procéder à une nouvelle audition, pour un autre rôle, cette fois...

Marie-Soleil ne cacha pas son désappointement.

– Mais j'avais eu le coup de foudre pour le personnage d'Isabelle...

– J'aimerais tout de même que tu y ailles, insista Sylvie. Et si tu n'aimes pas le personnage et que tu refuses, je le comprendrai et je ne t'en voudrai pas.

En explorant le personnage de Bambie, Marie-Soleil fut séduite. Bambie était, en fait, un ange descendu sur terre qui s'était incarné en être humain en rémission d'un cancer. Elle travaillait comme gérante dans un bar. Meilleure amie d'une des filles de la maison où se déroulait l'intrigue, elle tombait amoureuse d'un frère de ladite amie. Il s'agissait d'un rôle important, mais intermittent. Marie-Soleil n'avait donc pas à participer à toutes les émissions et c'est exactement ce qu'elle souhaitait.

À la suite de sa deuxième audition, impressionnée par les performances de Marie-Soleil, l'équipe de production tenait à lui offrir le rôle. Elle s'empressa de téléphoner à Sylvie.

– Je suis tombée en amour avec ce personnage, lui dit-elle.

Il s'agissait, une fois de plus, d'un type de personnage qu'elle n'avait jamais incarné.

– Je veux devenir la meilleure.

– Je ne te ferai pas de cadeau, admit Sylvie, mais, je vais t'aider. Si je suis exigeante envers toi, c'est que je sais que tu es capable d'y arriver.

Les tournages de *La Part des Anges* ont commencé en juin 1997. Marie-Soleil avait décidé d'arriver tôt le matin sur le plateau, pour observer les autres comédiens qui jouaient avant elle. Elle arborait un air timide qu'on ne lui connaissait pas et avait adopté une attitude plus réservée que d'habitude. Lorsqu'on commence un nouveau téléroman, un des trucs du métier est de procéder à l'enregistrement du troisième ou du quatrième épisode d'abord, de sorte qu'au moment où l'on tourne le premier, les comédiens se connaissent et une complicité s'est déjà installée entre eux. Le premier épisode doit être très accrocheur afin de susciter immédiatement l'intérêt des téléspectateurs.

Il en fut ainsi pour *La Part des Anges*. Seulement deux émissions furent enregistrées avec Marie-Soleil. Comme il ne s'agissait pas des deux premiers épisodes, il fut impossible de les présenter après son décès. Et, par respect pour la disparue, Sylvie Payette préféra récrire une partie du scénario, et créa un autre personnage pour remplacer celui de Bambie.

Chapitre V

La passion du défi

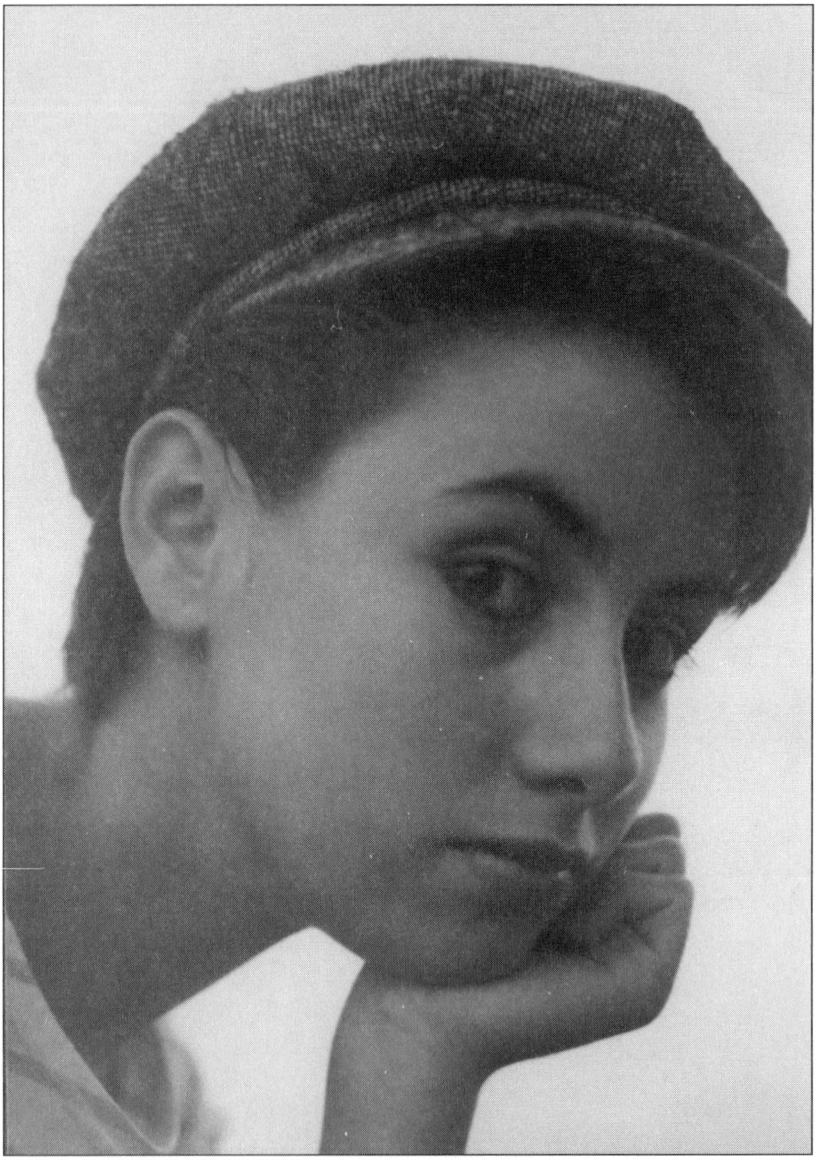

*P*our Marie-Soleil, c'était une seconde nature : aller au-delà de ses peurs, dépasser ses limites, briser les frontières du possible. C'était devenu un jeu passionnant. Et c'était son quotidien. Au début, elle trouvait ses défis dans la réussite de ses études et de sa carrière. Puis la vie amoureuse entra dans la danse. Et, comme si cela ne suffisait pas à combler son immense passion, elle ajouta des loisirs à risques. Un à un, ils se sont succédés, et en bout de ligne, sa vie entière tournera autour d'un continuel défi d'où le danger n'était jamais tout à fait absent.

À dix-huit ans, chroniqueuse d'été à la radio de CKAC, où elle présentait des événements culturels et artistiques, elle s'était rendue à Saint-Jean-sur-Richelieu dans le cadre du Festival des montgolfières. Elle avait eu le privilège de monter à bord d'un de ces ballons libres. C'était une première qui allait donner tout son sens de liberté à sa recherche de dépassement.

Vivre le pied au plancher

C'est à la coanimation de l'émission *Les Débrouillards*, à vingt ans, qu'elle prit vraiment goût aux sports à risques. Comble de bonheur, l'émission abondait en défis de toutes sortes. Évidemment, elle avait pris la responsabilité des scènes périlleuses telles que sauter en parachute, faire de la montgolfière, du deltaplane, de la soudure sous-marine en scaphandre, etc. Elle réussissait tout, apparemment sans effort, au point d'impressionner ses collègues. Cependant, elle savait maintenir une démarcation entre sa vie privée et les exigences professionnelles. Et tous ces exploits, c'était encore du travail.

Dans sa vie personnelle, elle n'avait pas l'habitude de défier le danger. À une exception près: la conduite automobile. Elle aimait conduire très vite. Très, très vite. C'était un plaisir, une passion, et il y avait peu de place pour les compromis. Sur l'autoroute, elle ne pouvait tolérer un automobiliste sur la voie de gauche, à seulement 120 kilomètres à l'heure – une vitesse déjà illégale. Chaque fois qu'elle trouvait sur son chemin une personne qui, pourtant, dépassait déjà la vitesse permise, elle prenait plaisir à la talonner pour ensuite la doubler et se rabattre devant elle.

– Il faut qu'il finisse par comprendre qu'il n'a pas d'affaire là!

Malheureux automobiliste qui n'était pour elle qu'un «téteux d'asphalte»! Il faut dire que Marie-Soleil devait effectuer de nombreux déplacements pour son travail et que, très souvent, elle faisait l'aller-retour Montréal-Québec, notamment pour ses obligations promotionnelles d'*Opération Enfant Soleil*. Son emploi du temps étant beaucoup trop chargé, elle tentait de gruger quelques précieuses minutes au cours de ses trajets.

Elle a toujours conduit à la limite de la prudence, sans s'inquiéter de ce que pouvaient penser ses passagers.

Un jour, Marie-Soleil et son amoureux, Alain Choquette, avaient décidé de passer un week-end ensemble à Québec, un voyage prétexte en fait, au cours duquel elle étrennait sa nouvelle voiture, une Toyota MR2 Turbo.

Cette journée-là, il pleuvait abondamment. La chaussée était devenue glissante, grasse. Une bruine noirâtre, déprimante, à peine hachurée par le faisceau des phares des véhicules roulant en sens inverse, s'abattait en même temps que la nuit. Malgré cela, Marie-Soleil conduisait très vite en s'enfonçant dans l'inconnu. «Beaucoup trop vite!», pensait tout bas

Alain. Il jeta un rapide coup d'œil à l'indicateur de vitesse: 140 kilomètres à l'heure. C'est bien ce qu'il pensait... On n'avait pas l'impression d'aller vite. Mais juste à la manière dont la petite MR2 dépassait les autres voitures, on comprenait qu'elle conduisait «le pied dans le prélart».

Cent quarante à l'heure... Rien pour écrire à sa mère. Aujourd'hui, les voitures les plus modestes atteignent ces vitesses. Tout dépend de l'état de la chaussée et... de la police. Alain se sentait terriblement angoissé: «Pourquoi rouler si vite, dans de mauvaises conditions routières, alors qu'on n'est pas pressé par le temps?» pensait-il.

Marie-Soleil n'était pas dupe. Le silence d'Alain était significatif. Instinctivement, elle accéléra de nouveau. L'indicateur de vitesse se stabilisa un moment à 150 kilomètres à l'heure avant d'amorcer une nouvelle ascension qui fit hurler le moteur. Cette fois, c'en était trop. Alain éclata.

Sans dire un mot, Marie-Soleil ralentit, passant cette fois à l'autre extrême. Alain, attentif au tableau de bord, regarda la vitesse rétrograder pour atteindre, à sa grande surprise, 60 kilomètres à l'heure, une vitesse de «mon oncle». «Montréal-Québec à 60 à l'heure, la soirée risque d'être longue», pensa-t-il encore, particulièrement lorsqu'un silence de plomb s'abattit sur le couple.

Mise à part la contrariété causée à certains amis, Marie-Soleil bénéficia d'une chance inouïe et n'eut que très peu d'incidents en rapport avec sa conduite automobile. D'autre part, elle récolta très peu de contraventions, car les policiers se montraient tolérants chaque fois qu'elle se faisait arrêter pour excès de vitesse.

* *
*

De la grosse moto au petit avion

En septembre 1994, son père lui proposa un tour de moto. C'était un joujou tout neuf que sa femme Line lui avait offert deux mois plus tôt pour son cinquantième anniversaire. Marie-Soleil accepta de monter pour une courte balade, mais elle eut terriblement peur, au point de ne jamais vouloir recommencer.

Au printemps suivant, Line décida d'acheter sa propre moto et de réunir quelques amies, une *gang* de filles, pour suivre un cours de pilotage. Elle proposa donc à Marie-Soleil de se joindre au groupe. Marie-Soleil, qui avait toujours ce besoin viscéral de surmonter ses peurs, ne fit pas exception à sa règle de conduite. Faut-il préciser que son ami de cœur, Jean-Claude Lauzon, était aussi un fanatique de la moto? Dès l'amorce de sa relation avec lui, il y eut chez elle une espèce de déclic qui lui a donné encore davantage de volonté de provoquer ses propres peurs. Soudain, il n'y avait plus de limites et sa vie s'en est trouvée transformée. Elle décida donc de suivre des cours avec Line, à condition qu'ils soient privés.

Elle a acheté sa première moto avant même le début de ses cours: une petite Harley Davidson, Sportster 883 qu'elle fit modifier pour la mettre à sa taille. Après deux leçons pratiques, elle réussit son examen, puis gagna suffisamment d'assurance pour acheter une deuxième moto, beaucoup plus puissante, dès l'été suivant: une Harley Davidson Dyna Glide 1340 – le Grand rêve américain!

À quelques reprises, elle partait sur sa moto en compagnie de son père, de Line et de leur fils Frédéric-Alexandre, son demi-frère. Sauf celui-ci, chacun, bardé de cuir, pilotait sa machine. Ils aimaient particulièrement se rendre à Burlington, au Vermont, pour y passer la journée. L'automne suivant, après quelques mois de griserie, elle dut inévitablement ranger sa moto. Loin de profiter de ce répit pour s'arrêter, elle songeait déjà à entreprendre quelque chose de nouveau. Jean-Claude était un mordu d'aviation. Il l'avait emmenée voler dans son hydravion à quelques reprises et Marie-Soleil avait dû avouer sa crainte des petits avions. «Si j'ai réussi à combattre ma peur de la moto en suivant des cours, pourquoi n'en serait-il pas de même pour le pilotage?» se dit-elle.

En octobre 1995, en route vers Manzanillo à bord d'un avion de ligne, elle confia à Line, qui l'accompagnait:

– J'ai le goût de suivre un cours de pilotage.

Line ne s'étonnait jamais des idées extravagantes de Marie-Soleil.

– Si tu en as envie, fais-le. Tu es jeune, ton horaire te le permet et tu en as les moyens. Qu'est-ce qui t'en empêche?

* *
*

10 février 1996.

Elle circulait sur le tarmac de l'aérodrome. Malgré le froid à l'extérieur, qu'habituellement on pouvait sentir même à l'intérieur de l'habitacle de son «152», Marie-Soleil avait chaud, au point de transpirer. Si ses mains tremblaient, ce n'était certainement pas de froid. Pourtant, les conditions étaient idéales pour un premier vol en solo, lui avait assuré quelques minutes plus tôt Charlotte Labouret, son instructeure. La température était dans les normes pour voler en solo, les vents de faible intensité, variables de cinq à dix nœuds, la visibilité illimitée et le trafic aérien moins dense que d'habitude. Tout en roulant sur le taxiway, elle révisait une fois encore ses procédures de vérification avant le décollage. Une fois, puis deux fois, ce n'était pas encore suffisant.

.... Réchauffage du carburateur sur froid, mélange air-essence plein riche, volet rentré, compensateur réglé *nose up*... Mieux valait revérifier une dernière fois.

– Autorisé à décoller sur la piste 24, droite!

La voix du contrôleur aérien résonnait sous son casque d'écoute. «Cette fois, ça y est!», pensait-elle. Il lui fallait prendre position sans délai, d'autant plus qu'ici, les contrôleurs ne sont pas particulièrement patients. Justement la voix du contrôleur continuait de résonner dans ses oreilles, tout comme les paroles de son ami Jean-Claude qui, du même coup, lui revenaient à l'esprit. «Si tu veux piloter un jour, tu dois d'abord accepter la possibilité de mourir dans un avion», lui avait-il dit après un vol avec lui à bord de son appareil. «D'autant plus si tu as l'intention de me suivre, car le pilotage de brousse comporte plus de risques. La mort fait partie du jeu», lui avait-il précisé. Marie-Soleil était consciente des risques et les assumait.

Rien n'égalait ce plaisir, ce sentiment de liberté extraordinaire qu'on éprouvait en volant.

«Je suis dans un bon Cesna muni d'un train d'atterrissage. C'est ce qu'il y a de plus sécuritaire... Rien à voir avec les avions sur flotteurs. Je n'aurai pas à amerrir sur un lac inconnu, mais simplement à me poser à un aéroport contrôlé et entretenu», pensa-t-elle pour se rassurer. Elle envoya son message radio d'un ton assuré:

– Tour de Saint-Hubert, Bravo, Papa, Zoulou prend position, 24 droite, décollage immédiat pour un circuit.

Elle n'avait qu'un seul circuit à faire et avait déjà à son actif vingt et une heures de vol en double commande. Elle se rappela le bonheur qu'elle avait ressenti quelques minutes plus tôt en compagnie de son instructeure en terminant une série de «poser-décoller». Combien lui était agréable ce sentiment de liberté, un sentiment qui allait prendre toute sa signification dans quelques secondes, puisqu'elle serait tout à fait libre, tout à fait seule! Et c'est avec une assurance absolue qu'elle poussa à fond la manette des gaz pour décoller avec adresse. C'est avec fierté qu'elle revint à sa base chez ATL, l'Aéro-club de Montréal, après avoir effectué un circuit complet. Dans ce moment de joie, elle eut une pensée pour Jean-Claude, car même si elle aimait les défis et l'aventure, c'était tout de même lui qui lui avait transmis la passion de voler.

* * *
*

Tout avait commencé quelques mois plus tôt, le 25 novembre 1995, lorsqu'elle effectua son premier vol de familiarisation avec son instructeure. Quelque temps auparavant, Jean-Claude lui avait dit: «Si tu veux piloter, tu vas suivre des cours. C'est pas moi qui vais te le montrer...»

Il l'avait accompagnée à l'Aéro-Club de Montréal où ils avaient rencontré ensemble le chef instructeur André Lafleur, ainsi que Charlotte, son instructeure.

* * *
*

Une surprise lui était réservée pour célébrer son premier solo. Sachant à quel point un premier solo est important dans la vie d'un pilote, et consciente que Marie-Soleil était proche de sa famille, Charlotte voulait inviter ses proches.

Elle rejoignit Jean-Claude par téléphone et en profita pour l'inviter aussi:

– Marie-Soleil est prête pour son premier vol solo. Si les conditions le permettent, ce sera samedi. Ça lui ferait plaisir si tu venais.

Serges Tougas, invité par son ami Jean-Claude, se rendit à l'Aéro-club en compagnie de Line, de Frédéric-Alexandre et d'une amie de Marie-Soleil, Anne-Marie. On prit soin d'attendre que Marie-Soleil eût quitté le tarmac avant de s'approcher, pour ne pas amoindrir l'effet de surprise.

Lorsque Marie-Soleil s'approcha de l'Aéro-club à bord de l'appareil, elle fut émue de l'accueil de ses proches, mais elle remarqua l'absence de Jean-Claude. Le lendemain, elle remercia Charlotte pour son initiative et lui avoua qu'elle aurait aimé que Jean-Claude fût aussi invité. Charlotte de répliquer:

– Mais je l'ai invité.

Marie-Soleil ne put dissimuler sa déception.

Mais tel était le personnage Jean-Claude Lauzon...

Le ciel était à elle...

Tout au long de sa formation, Marie-Soleil se révéla une élève pilote exemplaire. En fait, elle était l'une des élèves préférées de Charlotte. En vol, elle était très disciplinée et minutieuse dans ses vérifications. Elle ne prenait jamais de risques et suivait toujours sa liste de vérifications, la fameuse *check list* que les pilotes suivent religieusement. Chaque fois qu'elle lui demandait de préparer à la maison un travail de navigation pour son prochain vol, elle le faisait consciencieusement. En théorie, elle se montrait très assidue. Contrairement à la majorité des élèves, elle avait choisi de suivre ses cours théoriques en privé.

Sa plus grande difficulté fut la partie concernant la météorologie. «Le gradient de pression est le taux de variation de la pression atmosphérique sur le plan horizontal en fonction de la distance horizontale mesurée en millibars par cent kilomètres», lui expliquait Charlotte. Marie-Soleil avait du mal à comprendre. D'ailleurs, la partie météo, qui a la réputation de n'être ni passionnante ni facile pour personne, ne la découragea pas. Lorsque les choses se compliquaient, elle redoublait d'attention. Elle emportait ses notes de cours partout où elle allait et étudiait chaque fois que c'était possible.

Les défis la motivaient. Au moment d'effectuer des vrilles pour la première fois, Marie-Soleil se montra plus nerveuse. Une vrille est un mouvement d'autorotation de l'avion, dont on permet le développement à la suite d'un décrochage non corrigé. L'avion passe d'un axe horizontal à un axe vertical, nez en bas.

Plusieurs élèves pilotes souffrent de vertige durant ces exercices. Charlotte lui expliqua la manoeuvre une dernière fois avant de lui faire une démonstration de vrille.

– J'ai la chienne! s'exclama Marie-Soleil en sentant son taux d'adrénaline grimper.

Elle n'était pas au bout de ses peines: elle devait aussi en effectuer une elle-même. Marie-Soleil avait tout simplement peur, mais en même temps, elle aimait se rendre à la limite.

Elle prit fermement les commandes en criant dans l'avion:

– *Let's go* Tougas, t'es capable!

Puis elle exécuta sa vrille à la perfection.

Le véritable moment de découragement que son instructeure constata apparut pendant ses pratiques de décollage et d'atterrissage, peu avant son lâcher en solo. La théorie ne se révèle jamais très utile durant ces exercices; c'est une question de pratique. Elle prenait son entraînement à cœur et elle cherchait la perfection. Pas toujours patiente, elle voulait que tout aille «plus vite que la musique». Après quelques mauvais atterrissages, on a pu la voir verser des larmes de découragement.

Lorsqu'elle commença à être fière de ses performances, elle téléphona à son frère Sébastien pour l'inviter à l'accompagner en vol avec son instructeure.

Ils avaient quitté l'aéroport de Saint-Hubert pour se rendre à celui de Beloeil afin d'y pratiquer des poser-décoller, ces fameux *touch-and-go* si redoutés des élèves-pilotes. L'exercice représentait un défi pour Marie-Soleil, car la piste était plus étroite et plus courte qu'à Saint-Hubert et les vents n'étaient pas orientés dans l'axe de la piste. Sébastien avait remarqué que la main de Marie-Soleil tremblait avant le décollage, puis, qu'une fois en vol, la nervosité l'avait quittée. Il fut impressionné par son assurance. «Il y avait tellement de bonheur dans ses yeux. Elle rayonnait! C'est peut-être le plus beau souvenir que je garde d'elle», devait-il confier plus tard.

Un des plus beaux moments de vol fut son premier vol-voyage solo en juin 1996, vers la fin de son entraînement. Elle devait partir de Saint-Hubert pour se rendre à Québec, aller-retour, en faisant escale à Trois-Rivières. Un vol de trois heures et demie. Elle était revenue épuisée mais heureuse.

C'est le 22 juillet 1996, après avoir effectué 57 heures de vol en double commande et en solo, qu'elle passa son test en vol avec brio. C'est au cours de la même année, le 4 septembre suivant, qu'elle obtint officiellement sa licence de pilote privée après avoir passé son examen écrit. Il ne lui avait fallu qu'un peu plus de neuf mois d'étude et d'efforts pour obtenir ses «ailes», ce qui est relativement court, compte tenu de ses nombreuses occupations.

Sa mère fut sa première passagère en tant qu'unique pilote aux commandes. Il y avait d'ailleurs quelques mois que Marie-Soleil le lui avait proposé. Micheline fut impressionnée de toutes les précautions qu'elle prenait. Toujours à l'écoute et très intéressée, elle l'avait laissé lui expliquer dans les moindres détails les techniques de vol. Elle soutenait souvent que sa fille aurait fait un excellent professeur.

Peu de temps après, Jean-Claude Lauzon l'a poussée à poursuivre son entraînement pour obtenir sa qualification sur avion à flotteurs. Elle avait demandé conseil à Charlotte.

– Si j'étais toi, je laisserais passer un peu de temps. Tu devrais augmenter tes heures de vol, ce qui te ferait gagner de l'assurance et de l'expérience.

Elle décida de suivre ses conseils. Mais loin de vouloir s'arrêter, Marie-Soleil décida de suivre sa formation de vol de nuit.

Elle effectua son premier vol nocturne avec Charlotte, en juin 1997. Cependant, elle n'eut jamais le temps de terminer cette «annotation».

* *
*

Il arrivait que certaines de ses amies lui fassent remarquer qu'elle exagérait. Anne Dorval fut l'une d'elles:

– Marie-Soleil, ça n'a pas de bon sens, tu cours après le trouble...

– Et pourquoi donc?

– Regarde ce que tu fais seulement pour la série *Les Débrouillards*: parachute, vol libre, deltaplane, plongée, montgolfière... Veux-tu devenir paraplégique?

Même son père trouvait que c'était beaucoup. Il avait d'ailleurs exigé des producteurs de la série *Les Débrouillards* qu'ils prennent une assurance supplémentaire pour couvrir les risques qu'on faisait courir à Marie-Soleil.

– On a un budget trop restreint, lui avait-on répondu.

– Sans une meilleure couverture, elle ne tournera plus de séquences risquées, avait rétorqué Serges Tougas.

La maison de production demeura inflexible.

Lorsque Serges en discuta avec Marie-Soleil, elle insista pour poursuivre quand même le tournage des démonstrations à risques.

– Assurance ou pas, je les fais pareil!

Lorsqu'elle annonça à Anne Dorval qu'elle comptait prendre des cours de pilotage, Anne s'était gardée de partager sa joie. Pour elle, tout ça représentait un danger inutile. Elle ne fut pas la seule à exprimer une telle opinion. Un jour, alors qu'elle se trouvait en répétition avec certains membres de l'équipe de *Chambres en ville*, dont notamment Sylvie Payette,

Francis et Marlène, la réalisatrice, elle quitta rapidement le groupe, car elle avait un vol au programme. Francis était inquiet pour elle.

– Marie-Soleil, tu vas trop loin, un jour il va finir par t'arriver quelque chose...

– Il faut absolument que je surmonte ma peur de l'avion. Il faut que je devienne pilote. Je dois le faire! avait répondu Marie-Soleil.

– Ça n'a pas d'allure tout ce que tu fais! avait ajouté Francis.

Marie-Soleil le regarda alors attentivement en souriant, et lui répondit lentement:

– De toute façon, je sais qu'il va m'arriver quelque chose un jour.

Prémonition? Sagesse? On s'explique mal ce qu'une jeune femme comblée et talentueuse cherchait en multipliant les défis professionnels, toujours valorisants, mais aussi les défis ludiques à haut niveau de risque.

Chapitre VI

Place au romantisme

Collection personnelle

En voyage avec Alain.

*D*errière la forte personnalité de Marie-Soleil se cachait une femme sensible, sentimentale, un peu fleur bleue. Elle avait l'âme d'une romantique, aimait les week-ends amoureux et adorait les romans d'amour. Avec les hommes, elle rêvait d'un amour absolu, éternel, idéalisé.

– J'aimerais vivre une passion continuelle, une passion qui ne s'éteint jamais, vivre l'amour à l'état pur. J'aimerais vivre dans une chanson de Léo Ferré... avait-elle confié à Marie Plourde lors d'une entrevue à l'émission *Je te salue Marie*.

Elle lui avait également confié qu'elle recherchait la passion, celle qui nourrit, qui vous fait vivre pleinement, même si c'est douloureux, à condition qu'elle soit fondée sur la sincérité.

Mais ses relations amoureuses se révélèrent compliquées, difficiles, déchirantes. Autant elle connaissait une carrière étincelante, autant en amour la chance n'était pas au rendez-vous. Elle a traversé des moments difficiles et en a beaucoup souffert. Contrairement à ce que certains pourraient croire, Marie-Soleil n'a pas collectionné les amoureux. Sa notoriété, sa personnalité incisive, sans compromis ont même peut-être créé un fossé entre elle et les hommes qu'elle a connus.

Trois hommes ont marqué sa vie, et avec chacun d'eux, elle a vécu des relations semées d'épreuves.

Le rebelle

Son premier grand amour fut Nicholas Brillon. Cette relation commença à la polyvalente ; il s'agissait d'abord d'un amour d'adolescente qui s'est transformé en véritable relation amoureuse qui a duré quatre ans.

Très proche d'elle, Marie-Soleil racontait pratiquement tout à sa mère. Aux yeux de ses connaissances, elles passaient pour deux amies mais, pour elles, il s'agissait pleinement d'une relation mère-fille. Micheline avait donc longuement échangé avec Marie-Soleil sur l'importance de la première nuit d'amour. Marie-Soleil décida que Nicholas serait le premier. Ils s'aimaient profondément et il avait su se montrer respectueux et compréhensif. C'est lors des préparatifs d'un voyage à Wildwood, aux États-Unis, qu'elle devait entreprendre avec sa mère Micheline, son «chum» Nicholas, son frère Sébastien et des cousins, que sa mère lui proposa: «Que dirais-tu si je t'offrais une chambre pour toi et Nicholas?» Elles croyaient toutes deux que le moment était venu, et sa mère savait bien que l'occasion viendrait de toute façon, avec ou sans sa complicité. Pour sa part, Marie-Soleil savait que sa mère voulait que cette expérience fût vécue dans les meilleures circonstances possible. Ils avaient une semaine à eux. Un vrai voyage de noces! Lorsque Serges Tougas apprit un peu plus tard que Marie-Soleil avait passé toutes les nuits de son séjour à Wildwood avec son ami Nicholas, sur le coup il se montra furieux que Mimi puisse être ainsi complice, mais dut se rendre à l'évidence.

Nicholas et Marie-Soleil étudiaient à la polyvalente Ozias-Leduc et ils étaient tous deux, à leur façon, les vedettes de l'école. Nicholas était musicien et jouait dans un groupe. Il était le «chum» à avoir, la coqueluche de bien des filles de l'école. Marie-Soleil était déjà une célébrité à ce moment-là et, secrètement, la plupart des garçons de la polyvalente l'admiraient. Nicholas avait une personnalité opposée à celle de Marie-Soleil: elle, studieuse et disciplinée; lui, plutôt rebelle. Il poursuivait ses études en espérant pouvoir les rattraper, sans que ce soit évident. Ce fut justement le côté un peu marginal de Nicholas qui attira Marie-Soleil, comme si elle essayait de vivre une certaine délinquance à travers lui.

Paradoxalement, elle a cherché à modifier la personnalité de son ami. Elle avait le sens du devoir, ne fumait pas, faisait attention à ce qu'elle mangeait et ne consommait pas d'alcool. Le changer représentait pour elle une espèce de défi – un autre! S'il lui arrivait d'être en retard à un rendez-vous, par exemple, il avait droit à une réprimande. Elle lui reprochait de consommer trop d'alcool, d'avoir toujours l'esprit à la fête. Les amis de Marie-Soleil lui faisaient d'ailleurs remarquer qu'elle était trop «mère supérieure» avec lui.

Ils avaient tout de même quelques points en commun. Nicholas, qui suivait des cours de théâtre à la polyvalente, aimait le travail de Marie-Soleil et prenait plaisir à lui faire répéter ses textes. Il avait également décroché un petit rôle dans *Peau de Banane* et y a incarné le «chum» de Zoé, Marie-Soleil elle-même. Il était présent à différentes occasions de son métier, l'accompagnait dans les galas.

Ils étaient tous deux du même âge et du même signe: deux Taureaux, deux personnalités qui ne se laissaient pas marcher sur les pieds. Leur relation fut difficile, car chacun avait du mal à faire des concessions. Des deux, Nicholas en fit le plus. Marie-Soleil aimait avoir le dernier mot.

Plusieurs fois par année, ils se sont laissés pour reprendre quelques mois plus tard. Durant leurs courtes séparations, Marie-Soleil se servait des amis de Nicholas pour le provoquer et le rendre jaloux. Sa stratégie se révélait efficace et ils finissaient toujours par se retrouver, jusqu'au jour où, à vingt ans, elle décida de mettre un terme définitif à cette relation. Sa vie amoureuse prit alors une nouvelle tournure.

Deux séries d'événements se sont alors conjuguées. Nicholas décida de vivre de façon plus rangée et d'adopter le style de vie que Marie-Soleil souhaitait lui voir prendre. Il accompagnait moins souvent ses amis dans les bars et devenait plus attentif. Ils passaient leurs soirées en tête-à-tête, comme elle le désirait. Le délinquant s'était «rangé», était devenu «un bon gars» – trop bon peut-être – et, dès lors, cette relation ne représentait plus de défi pour Marie-Soleil. Au même moment, une deuxième série d'événements entra en jeu et provoquera la rencontre du deuxième amour de sa vie.

* *
*

Le magicien

C'est au cours de l'été 1990, alors qu'elle coanimait avec Alain Choquette la série quotidienne *Montréal les Îles* pour la saison estivale, que sa vie amoureuse prit une nouvelle direction. Lorsque Alain apprit qu'il coanimerait une émission avec Marie-Soleil, il en fut heureux, car il l'admirait. L'émission était tournée au restaurant Hélène de Champlain et, dès le début, ce fut le coup de foudre entre elle et lui. Pour tous les membres de l'équipe de production, c'était évident. Cela crevait l'écran. Ils jouaient tous les deux le jeu de la séduction tout en travaillant. «On sentait à des kilomètres à la ronde qu'ils étaient épris l'un de l'autre», affirme l'assistante à la réalisation, Marie-Julie Parent.

Alain fut rapidement séduit par le talent, l'intelligence et la joie de vivre de sa partenaire. Il prenait un malin plaisir à lui jouer des tours. Par exemple, Alain faisait disparaître les cartes qu'elle devait lire en ondes. Mais Marie-Soleil le déjouait grâce à son excellente mémoire; elle s'en sortait facilement, car elle avait pris soin de les lire avant l'enregistrement: souvent, une seule lecture avait suffi. Toutes ces petites choses l'amusaient. Son esprit taquin et son côté séducteur l'avaient littéralement fait craquer.

Pourtant, à ce moment-là, l'un et l'autre étaient engagés dans une autre liaison, jusqu'au jour où elle l'a pris par surprise en lui lançant: «J'ai laissé Nicholas!» Quelque temps plus tard, ce fut au tour d'Alain de laisser son amie. Commença alors une autre longue relation de quatre ans pour Marie-Soleil, avec des hauts et des bas.

Aussi exigeante envers Alain qu'elle l'avait été pour Nicholas, de plus en plus exigeante envers elle-même à cette étape de sa vie, elle croyait pouvoir l'être tout autant pour son nouvel amoureux.

À cette époque, elle venait d'acheter sa maison. Elle était prête à s'engager totalement dans cette nouvelle relation. Mais ce n'était pas réciproque. Alain se sentait incapable de prendre cette décision. Il trouvait que leur relation manquait d'équilibre. Il n'était pas prêt à s'engager. Il voulait conserver son espace et son univers. En choisissant Alain, Marie-Soleil avait cru se rapprocher de son idéal. Exerçant tous deux un métier public, même si Alain était beaucoup moins connu qu'elle à ce moment-là, elle savait qu'il était en mesure de comprendre ses préoccupations professionnelles. Et comme Alain était de huit ans son aîné, elle croyait pouvoir atteindre des rapports de maturité.

Mais Alain aimait son indépendance et Marie-Soleil, qui voulait s'engager, avait du mal à accepter qu'il puisse préférer ses activités avec ses amis. Elle avait du mal à accepter les changements de programme qu'il effectuait souvent à la dernière minute. Très vulnérable, elle manquait de confiance dans ses relations amoureuses. Autant dans son métier elle affichait une tranquille assurance, autant c'était le contraire en amour. «Je suis trop pleurnicharde, je suis trop occupée et j'ai mauvais caractère. Aucun homme n'arrive à me supporter!» confiait-elle à ses amies.

Les réconciliations

Alain avait une réputation de grand séducteur et des rumeurs d'infidélité circulaient dans les coulisses de TVA. Ses amis de plateau ont souvent vu Marie-Soleil en sanglots à la suite de leurs disputes. Le scénario qu'elle avait vécu durant des années avec Nicholas se reproduisait avec Alain: séparations et réconciliations se succédaient épisodiquement.

Un jour, après les répétitions de *Chambres en ville*, elle s'effondra devant son amie Anne Dorval: elle venait de rompre avec son magicien. Anne essaya de la réconforter:

– Tu sais, une peine d'amour, c'est un peu comme un deuil. Il faudrait que tu arrives à le détester si tu veux t'en sortir. Alain n'est pas une mauvaise personne. Il n'est simplement pas fait pour toi.

Mais Marie-Soleil semblait inconsolable.

– Oublie-le, il ne mérite pas une fille comme toi! reprenait Anne d'un ton plus ferme.

Le lendemain, le conjoint d'Anne, Marc-André Coallier, avait reçu deux invitations pour aller voir le spectacle d'Alain Choquette le samedi suivant.

– Je compte bien y aller. Viens-tu avec moi? lui avait demandé Marc-André.

– Il n'en est pas question! Je ne mettrai pas les pieds là! On voit bien que tu ne réalises pas toute la peine qu'il a faite à Marie-Soleil, avait dit Anne.

Sur le moment, Marc-André n'insista pas davantage. Néanmoins, il revint à la charge deux jours plus tard.

– J'ai les réservations pour le spectacle d'Alain, demain soir.

– Non, n'insiste pas. Vas-y sans moi...

Entre temps, Anne avait revu Marie-Soleil qui pleurait toujours sa peine d'amour.

– Il faut que tu cesses d'y penser, lui avait dit Anne.

– Oui, mais ce week-end, c'est son nouveau spectacle qui commence et j'étais censée y être, disait Marie-Soleil d'un ton désolé.

– Oublie-les, lui, son spectacle, sa première!

Le lendemain soir, lorsque Marc-André rentra à la maison après avoir assisté au spectacle d'Alain, il affichait un malin sourire.

– C'était bon, le spectacle? lui demanda Anne sur un ton détaché.

– Tu as manqué un très bon «show», dit-il aussitôt. Et puis, quelqu'un te fait dire le bonjour.

– Qui ça?

– Marie-Soleil!

– Ça ne se peut pas, ils viennent de se laisser! s'exclama Anne.

– Ils viennent de reprendre! répliqua Marc-André d'un ton amusé. Elle m'a d'ailleurs demandé où tu étais ce soir. Je lui ai expliqué que c'est par solidarité que tu n'as pas voulu te déplacer pour venir encourager son ex, continua de raconter Marc-André.

Le lendemain, Marie-Soleil est venue rencontrer Anne.

– J'ai dû te décevoir?

Toutes deux étaient mortes de rire, puis Anne changea son discours.

– Tu l'aimes? Eh bien! C'est correct! Vis ta passion et profite de ce qui passe.

Après chaque réconciliation, Marie-Soleil répétait le même discours, avec son éternel optimisme:

– Alain et moi, c'est reparti et cette fois-ci, je suis certaine que c'est la bonne.

En même temps, tout les éloignait et tout les rapprochait. Marie-Soleil lui reprochait son manque d'engagement tandis qu'Alain avait de la difficulté à supporter son caractère. Marie-Soleil, toujours très sociable, aimait recevoir quantité d'amis tandis qu'Alain, plus pantouflard, préférait rester en couple, tranquillement, à la maison. Marie-Soleil aimait les loisirs à risques, tandis qu'Alain estimait peu logique de risquer inutilement sa vie, pour prouver quoi, finalement?

Malgré leurs divergences, le couple a vécu des moments très intenses d'amour, de bonheur et de passion. Ils ont voyagé ensemble, de New York à Paris. Marie-Soleil lui révélait le monde des comédies musicales et, ensemble, ils découvraient les nouveautés artistiques qui ne manquent jamais dans les métropoles. Alain aimait l'esprit vif de Marie-Soleil et appréciait l'étendue de ses connaissances. Il était impressionné par sa prodigieuse mémoire.

Elle lui organisa une fête surprise pour son trentième anniversaire. Elle avait invité ses amis et sa famille. Alain, qui n'avait pas l'habitude de telles célébrations, ne s'y attendait absolument pas et fut très touché par ce geste. «C'est l'un des plus beaux souvenirs que je garde de Marie-Soleil», a-t-il précisé.

Sa carrière de magicien prit son envol durant cette période et Marie-Soleil assistait aussi souvent que possible à ses représentations. Un jour, il demanda à Gilles Vigneault de lui écrire un texte pour l'un de ses spectacles. Il voulait qu'il porte sur sa relation avec Marie-Soleil. Il s'agissait d'un poème intitulé *Le Fil du temps*. Durant le spectacle, Alain se trouvait sur scène et, très lentement, de ses mains, cassait un fil en plusieurs morceaux. Pendant ce temps, on entendait la voix de Gilles Vigneault:

> *Mon doux, mon bel amour,*
> *Tu pourras me quitter, me laisser à jamais, t'en aller pour toujours...*
> *J'aurai beau te fuir puis m'éloigner de toi,*
> *Chercher l'amour ailleurs et nous aurons beau cent fois nous dire Adieu...*
> *Chacun de nos départs inventera le mot retour.*
> *Si je t'aime autant qu'il me semble, le fil de nos amours se refera toujours...*

Puis, comme par magie, le fil cassé qui se trouvait dans la main d'Alain se remettait en un seul morceau.

Mais, au fil des ans, leur relation amoureuse devenait de plus en plus difficile. Chaque fois qu'elle désirait mettre un terme à sa liaison avec lui, elle adoptait un chat. C'était un moyen de défense contre son ami, car il était allergique aux félins.

Lorsqu'ils se réconciliaient, elle renvoyait l'animal d'où il venait, mais les chats laissaient toujours une trace de leur passage, au point qu'Alain en avait pour au moins trois semaines avant de pouvoir remettre les pieds chez elle.

À la suite de leur rupture finale, Alain essaya de reprendre contact afin de poursuivre une relation amicale. Mais pour Marie-Soleil, il n'en était pas question. Elle y avait mis un point final, jugeant qu'elle avait suffisamment souffert.

* *
*

Le marginal

Plusieurs amies de Marie-Soleil, qui furent témoin de ses amours, pensent qu'elle s'engageait dans des relations compliquées pour les défis qu'elles représentaient. Ce fut particulièrement vrai pour sa troisième relation amoureuse avec le cinéaste Jean-Claude Lauzon. Lauzon s'est particulièrement fait connaître avec *Léolo* et *Un Zoo la nuit*, des films d'auteur qui furent à la fois louangés et critiqués pour leur tendresse comme pour l'atmosphère pessimiste dans laquelle ils se complaisaient. Pour Marie-Soleil, Jean-Claude Lauzon n'était pas un inconnu. Elle l'avait connu à l'occasion d'un message télévisé pour le ministère de la Santé et des Services sociaux: «L'amour, ça se protège», un message que Jean-Claude Lauzon réalisait et que Marie-Soleil interprétait.

Déjà un déclic s'était produit entre Jean-Claude et Marie-Soleil. Sûr de lui, il lui avait lancé, à la hussarde:

– Reviens me voir quand tu auras dix-huit ans!

À la fin du tournage, Jean-Claude s'adressa à Serges Tougas:

– J'ai un œil sur ta fille.

– Tu t'en approches et je t'assassine, avait répondu Serges Tougas.

Pierre Plante, un des membres de l'équipe, témoin de cette scène, fut surpris de l'attitude de Jean-Claude et lui dit:

– Voyons, Jean-Claude, qu'est-ce qui te prend? Elle est bien trop jeune pour toi. C'est une enfant...

Ce n'était pas dans les habitudes de Lauzon d'approcher des femmes beaucoup plus jeunes que lui, mais les comportements paradoxaux et les scrupules ne l'étouffaient pas.

Lorsque, huit ans plus tard, toujours sur un plateau d'enregistrement, Pierre apprit d'un collègue qui pointait Marie-Soleil, qu'elle était la blonde de son «chum» Lauzon, il tomba pratiquement à la renverse. Évidemment, cette liaison était peu connue. Jean-Claude Lauzon refusait de s'afficher comme le «chum» de Marie-Soleil. Mais loin de s'embêter avec ce détail, Marie-Soleil avait décidé de l'appeler son «pas chum», ce qui ne réglait rien.

Ce n'est pas à l'occasion de ses dix-huit ans que leur liaison a commencé, bien que le jour de son dix-huitième anniversaire, Marie-Soleil eût une pensée pour Jean-Claude. C'est quelques mois après la fin de sa relation avec Alain, à vingt-quatre ans, lorsqu'elle rencontra Jean-Claude tout à fait par hasard dans un restaurant, que tout a commencé. D'après les témoins, cette rencontre ne fut pas banale. Elle voulait de l'action? Avec Lauzon, elle allait en avoir!

Avec Jean-Claude, elle retrouvait le «bum» et le marginal qui cohabitaient chez son premier amoureux, Nicholas. Ces deux hommes, des mordus de moto, avaient des idées à la limite de la délinquance. Comme autrefois avec Nicholas, elle pouvait vivre sa propre délinquance à travers Jean-Claude, briser son moule de jeune femme rangée.

Jean-Claude avait la maturité de l'âge: il était de seize ans son aîné, avait atteint le sommet de son art et on le respectait. Il s'était imposé, on s'en méfiait, on le contestait, mais il était incontournable. Ses qualités et ses défauts constituaient autant de facteurs qui ajoutaient à l'admiration qu'elle lui vouait. Lorsque son frère Sébastien apprit sa nouvelle liaison amoureuse, il lui lança: «Es-tu en train de te chercher un père?» C'est un silence hautain qu'elle lui offrit pour toute réponse.

Faire admettre à Marie-Soleil qu'elle cherchait son père à travers Jean-Claude n'aurait pas été facile. Pourtant, un jour qu'elle discutait avec ses amies Anne-Marie, Danyka et Nancy, elle finit par avouer qu'il existait certaines similitudes entre son père et Jean-Claude. Tous deux avaient une personnalité inaccessible. Ils étaient tous deux créateurs à leur façon, ils avaient une grande ouverture d'esprit et des connaissances étendues. Mais la comparaison s'arrêtait là. Si, comme la plupart des êtres civilisés, Serges Tougas savait gérer ses enthousiasmes et ses déceptions, Jean-Claude Lauzon, asocial et misanthrope, se balançait royalement de la plupart des gens qui trouvaient rarement grâce à ses yeux.

Ne rien demander

Et c'est justement ce rejet d'une humanité qu'il semblait mépriser qui la stimulait. Jean-Claude lui a permis de vivre une forme de liberté sans retenue. Ensemble, ils s'offraient des fantaisies, vivaient des passions et tentaient de relever des défis comme des adolescents. La quête d'émotions fortes que poursuivait Jean-Claude transcendait ses propres aspirations. Marie-

Soleil n'avait rien trouvé de semblable chez les autres hommes qu'elle avait connus, qui ne vibraient guère au son ou à la sensation de puissance d'un moteur. C'est Lauzon qui lui a fait découvrir les plaisirs de la moto et qui l'a stimulée dans sa conquête de l'avion. C'est également lui qui l'a initiée à la chasse et à la pêche.

Marie-Soleil, pourtant connue comme une personne hardie, a fait preuve d'une audace hors du commun en poursuivant sa liaison avec Jean-Claude, une aventure que toutes ses amies vouaient à l'échec. Elle savait qu'elle prenait des risques en se laissant entraîner dans ce genre de relation mais, pour elle, le jeu en valait la chandelle. Il lui fallait d'abord accepter qu'il vive sa vie et sa liberté.

Par exemple, lorsque Marie-Soleil se rendait chez lui les week-ends, à sa résidence de Sutton, elle évitait de donner son numéro de téléphone, même à ses meilleures amies.

Marie-Soleil se rappelait très bien du conflit qui avait suivi, le jour où son instructeure de vol avait téléphoné à la maison de Jean-Claude pour des questions relatives à un cours.

L'auteur de *Léolo* tenait à protéger son environnement à tout prix. Il vivait dans une bulle où très peu de gens pouvaient pénétrer et avait volontairement créé une sorte d'ambiguïté autour de lui. Pour plusieurs de ses amies, Marie-Soleil représentait le symbole de la femme libérée, avec son autonomie, sa facilité à s'exprimer et une situation financière qui lui permettaient toute liberté. Ses amies acceptaient difficilement ce qui semblait être une marque de soumission.

Un jour, elle se confia à Pierre Plante, un ami commun à elle et Jean-Claude.

– J'aime beaucoup Jean-Claude, mais je crois qu'il ne m'aime pas...

– Mais oui, il t'aime, avait-il répondu.

Un rendez-vous l'attendait, mais Pierre aimait tellement Marie-Soleil qu'il ne pouvait s'esquiver sans la laisser s'exprimer. Elle se livra à lui sur le ton de la confidence durant une heure.

– Il a simplement de la difficulté à accepter qu'il est en amour avec toi, conclut le confident. Ça lui fait peur...

Il fit valoir que Jean-Claude avait vécu des liaisons difficiles, qu'il avait souffert et qu'il craignait d'avoir mal à nouveau. Dans son optique, l'homme, plein de bruit et de fureur imprécatoire, n'était qu'un éternel blessé à la sensibilité tout en nuances, un tendre qui s'ignorait.

Au début de leur liaison, Jean-Claude témoignait peu d'affection à Marie-Soleil, car, pour lui, aimer était une faiblesse. Il soignait son image d'homme fort, d'individu vociférant – des attitudes derrière lesquelles il pensait se mettre à l'abri de toute vulnérabilité. Pour Marie-Soleil, qui était entière, c'était difficile à vivre. Or, le côté obscur et sulfureux du personnage l'attirait. Les oppositions et les contrastes dans le rituel du quotidien représentaient pour elle autant de défis. Jean-Claude tenait à tout prix que leur relation amoureuse demeure discrète.

Malgré tout ce que Marie-Soleil pouvait prétendre, ses amies n'étaient pas dupes. Elles savaient que cela la faisait souffrir. Ainsi, elle dut se rendre seule au mariage de son amie, même si son «pas chum» était libre ce jour-là. Jean-Claude abhorrait tellement la vie publique et les médias qu'il n'appréciait même pas ce qu'elle faisait pour Opération Enfant Soleil.

– Si tu veux soutenir les enfants malades, fais-le, mais sans les caméras.

Jean-Claude ne lui a jamais laissé d'illusions. Il lui a toujours donné l'heure juste et ne lui a jamais rien promis.

Pourtant, comme nous le raconte son amie Marie Plourde: «Marie-Soleil le considérait comme un mentor qui lui faisait découvrir mille choses. Il possédait un acquis culturel et répondait à sa soif intense de vivre pleinement.»

Mais il aimait beaucoup la vie. Ses amis soutiennent qu'il avait un sens de l'humour aiguisé et, autodidacte, il avait un désir insatiable d'apprendre. Ainsi, ils pouvaient simplement partir le soir en randonnée en forêt, contempler le ciel et apprendre à reconnaître les étoiles.

Pour le meilleur, et pour le pire

Autant il lui arrivait d'être détestable, autant l'instant d'après il pouvait se révéler charmant. Elle racontait souvent à ses amies que les merveilleux moments passés avec lui compensaient pour les périodes plus pénibles. Avec le temps, Marie-Soleil se targuait de pouvoir percer la carapace de son «pas chum». Mais rien n'était facile. À maints égards, il s'agissait d'un couple aux caractères opposés. Autant elle était sociable, autant il était sauvage. Même dans un groupe, Jean-Claude Lauzon arrivait à créer autour de lui une espèce de barrière infranchissable. Il ne pouvait supporter, entre autres, les personnes qu'il qualifiait de *cheap*. Ce terme peut signifier qu'il n'aimait pas les avares, ou encore les gens vulgaires, ou mesquins. On ne le saura jamais. On raconte que Jean-Claude se montra toujours très sélectif dans le choix de ses rares amis. Mais, comme nous l'explique son amie Charlotte: «Une chose est certaine, sa relation avec Marie-Soleil devait tourner autour de son univers à lui.»

Il était reconnu pour son manque de délicatesse. Il lui arrivait de blesser les gens. Il pouvait se montrer très brusque.

– Bon, je t'ai assez vue.

– O.K. Salut!, se contentait-elle de répondre.

Cette attitude le désarmait complètement. Elle avait compris ce qu'il attendait d'elle. Elle l'acceptait ainsi, sans envahir sa paix, mais sans se soumettre.

À quelques reprises, Marie-Soleil remit sa liaison en question. À ce sujet, Charlotte nous précise: «Tous les six mois, ils vivaient une crise, puis tout rentrait dans l'ordre.» On croit savoir que Jean-Claude Lauzon a été l'homme qu'elle aura aimé le plus. Au fil du temps, l'incertitude s'était estompée et elle estimait qu'il l'aimait «à sa façon». Lui-même semblait s'être fait prendre au jeu de l'amour.

Plusieurs personnes estiment que Jean-Claude Lauzon était mal dans sa peau. Malgré sa façon de s'imposer par ses éclats ou ses brusqueries, beaucoup de gens croient qu'il était simplement coincé. Lorsqu'il a rencontré Marie-Soleil, il confia à ses amis qu'il avait été saisi par sa personnalité rayonnante. L'aura qu'elle dégageait ne put lui échapper et il a été séduit par sa chaleur et sa joie de vivre. Marie-Soleil a été généreuse, une «Mère Teresa» qui voulait le rendre heureux et apporter un peu de lumière dans sa vie. On pense que ses efforts n'ont pas été vains car, au fil du temps, Jean-Claude affichait plus de sérénité.

La recherche de l'idéal

Plusieurs ont prétendu que Marie-Soleil était trop bonne en amour.

– Si j'avais eu affaire à des hommes trop faciles, je m'en serais lassée bien vite. Je vais jusqu'au bout de ce que j'ai à vivre avec Jean-Claude. On verra ensuite.

À quelques reprises, des amies bien intentionnés tentèrent de lui présenter d'autres hommes. Ce fut le cas de son amie Marie-Julie Parent. Il s'agissait d'hommes peu compliqués, généreux, tendres, qui, selon ses confidentes, ne savaient pas étancher sa soif d'absolu. Il semble que, pour Marie-Soleil, une relation amoureuse devait avoir des allures imprévisibles. Tant pis pour les bons garçons, les hommes sensibles, attentionnés!

Durant la deuxième année de sa relation avec Jean-Claude Lauzon, Marie-Soleil avait mûri. Elle était devenue beaucoup plus indépendante qu'elle ne l'avait été avec Alain. Elle avait compris que l'amour pouvait être une complémentarité, pas nécessairement un tout.

Mais, intérieurement, même au cœur de sa relation amoureuse, elle idéalisait encore l'amour absolu qu'elle ne réussit jamais à connaître.

Chapitre VII

Les enfants : douce complicité

Photo TVA

*M*arie-Soleil marchait en direction de l'hôpital d'un pas rapide. Elle était particulièrement excitée, cette journée-là, et avait hâte de prendre le nouveau-né dans ses bras. Deux jours auparavant, sa copine Marie-Julie avait accouché et elle se sentait très heureuse pour elle. Marie-Soleil serrait dans ses mains le petit paquet qu'elle avait minutieusement enveloppé. Chaque fois qu'une de ses amies devenait maman, elle se précipitait chez Gap pour acheter un de ces mignons petits ensembles dont ce magasin a fait sa spécialité. Hésitante quant au choix des couleurs, incapable de se résigner à n'acheter qu'un seul vêtement, elle s'en était procuré deux. Elle se disait qu'ainsi, il y en aurait au moins un qui serait dans les teintes que son amie préférait.

Marie-Soleil avait hérité de sa mère son amour pour les enfants. Très jeune, elle disait déjà: «Moi, je veux avoir mille enfants.» Elle n'en eut que deux, mais les camarades de Marie-Soleil et de Sébastien rendaient souvent visite à Mimi, qui les accueillait toujours avec beaucoup de gentillesse, de chaleur et d'affection.

La galaxie *Enfant Soleil*

Lorsque Marie-Soleil s'adressait à des enfants, elle se mettait physiquement à leur niveau et leur accordait toute l'importance. Elle-même avait toujours gardé un esprit enfantin qui s'émerveille devant tout. C'est toutefois par le biais d'Opération Enfant Soleil qu'elle découvrit sa véritable vocation pour les petits. Lorsqu'on lui proposa d'être animatrice et porte-parole d'Opération Enfant Soleil, malgré qu'elle éprouvait certaines craintes, une espèce de déclic s'opéra en elle.

– Comment vais-je faire pour animer un téléthon pendant vingt-quatre heures? se demandait-elle.

Pierre Touzin, le directeur général d'Opération Enfant Soleil, pour sa part, n'avait aucune crainte: il connaissait déjà le formidable talent naturel de sa nouvelle animatrice pour la communication. Il suffisait de l'immerger dans l'univers des enfants pour établir avec eux un contact instantané.

L'animation auprès d'enfants malades était une tâche difficile sur le plan émotif, mais il ne s'agissait là que d'une partie du travail puisqu'elle devait, pendant un mois avant le téléthon, effectuer une tournée des hôpitaux à travers le Québec. Ces déplacements étaient aussi épuisants que difficiles d'un point de vue émotif, mais Marie-Soleil réussissait toujours à trouver l'énergie nécessaire.

Le périple d'Opération Enfant Soleil a débuté pour Marie-Soleil en 1992, l'année où Pierre Touzin a dû remplacer le duo René et Nathalie Simard. Pierre Touzin avait, dans un premier temps, choisi Francis Reddy. Il restait à trouver une coanimatrice dont la personnalité cadrerait bien avec celle de Francis. Il voulait aussi conserver l'image de «membres de la famille» des animateurs précédents puisque les petits Simard étaient pratiquement nés à la télévision et que tout le monde les connaissait. Il cherchait également une personne capable de travailler avec rigueur et détermination. La commande n'était pas simple.

Ce furent son recherchiste, Dominic Trudeau, et François Carignan, son producteur délégué à l'époque, qui eurent l'idée d'approcher Marie-Soleil, car, selon eux, elle correspondait aux critères et aux exigences de l'emploi. Lorsqu'on fit l'annonce officielle des nouveaux animateurs du téléthon Opération Enfant Soleil édition 1992 et de la thématique qui y était reliée, au cours de l'émission *Salut Bonjour*. Marie-Soleil prit la parole en direct d'Australie après de nombreuses péripéties pour établir la communication.

En acceptant, elle était consciente de l'ampleur de l'engagement. Elle s'est lancée dans l'opération corps et âme. Instantanément, elle s'est attachée à cette cause et a été rapidement fascinée par les enfants. Leur côté simple, spontané et authentique l'émouvait.

– Je ne me sens pas jugée par eux, confia-t-elle, et je me sens bien en leur présence.

Alors que beaucoup d'adultes éprouvent un certain embarras devant les enfants malades ou handicapés, Marie-Soleil se sentait à l'aise avec eux. Elle savait toujours comment les approcher et que leur dire, n'érigeait jamais de barrière en leur parlant. Au fil des ans, elle devint moins inquiète. Elle apprit à connaître Francis Reddy et une merveilleuse complicité s'installa entre les animateurs.

Une incroyable préparation

Marie-Soleil se consacrait totalement aux enfants malades. Elle accomplissait sa tâche avec le plus grand sérieux et avait la cause à cœur. Lorsqu'elle se présentait en ondes, elle possédait à fond les dossiers de chacun et refusait de traiter d'un sujet qu'elle ne maîtrisait pas. Comme tous les «pros», elle savait que la spontanéité doit être longuement préparée.

Avant chaque téléthon qui se déroulait à Québec, elle et Francis s'enfermaient dès le dimanche qui précédait l'événement. Ils y restaient toute la semaine, passaient les journées entières à se préparer, pour ne ressortir que le vendredi suivant afin de s'assurer que tout se passerait sur le plateau comme ils l'entendaient. Puis ils s'enfermaient à nouveau jusqu'à la répétition du samedi matin. Durant cette longue semaine de préparatifs, ensemble ils revoyaient le dossier de chaque enfant, visionnaient de nombreuses fois les images de la tournée provinciale, reprenaient leurs notes personnelles écrites lors des visites dans les hôpitaux, pour finalement rédiger leurs textes de présentation. Dès qu'il s'agissait des enfants, Marie-Soleil et Francis se rejoignaient dans une rare harmonie.

Pendant la tournée du Québec, qui s'étirait tout le mois précédant le téléthon, le trio composé de Pierre Touzin, Francis et Marie-Soleil, demeurait très lié. Une amitié ainsi qu'une merveilleuse complicité s'étaient développées entre eux. Marie-Soleil agissait toujours avec fougue, apportait constamment des idées nouvelles et transmettait à tout le monde une énergie déferlante. Inconsciemment, on avait toujours envie d'embarquer et de la suivre. Ensemble, ils riaient, s'amusaient et partageaient leur incroyable enthousiasme sans jamais négliger le sérieux et les exigences de leurs fonctions.

Elle arrivait à concilier son horaire chargé avec les besoins exigeants de la tournée qui se déroulait généralement durant tout le mois d'avril. Les régions succédaient aux régions: de l'Abitibi à l'Estrie, de la Gaspésie à l'Outaouais, en passant par le Saguenay et la Côte-Nord, et même les Îles-de-la-Madeleine. Les journées étaient longues et épuisantes. Elle visitait de quatre à cinq hôpitaux par jour et insistait pour parler au plus grand nombre possible d'enfants, et souvent même à leurs parents. Le soir venu, Marie-Soleil rentrait dans sa chambre d'hôtel, vidée et ravagée par les émotions et le chagrin que la souffrance et les handicaps des enfants avaient provoqués. Elle en profitait parfois pour téléphoner à sa mère afin de partager toutes ces émotions avec elle.

Chaque arrêt comportait la visite d'hôpitaux de la région. Les fondations hospitalières prenaient les arrangements au préalable avec les médias locaux de sorte qu'à leur arrivée, ils pouvaient tenir une conférence de presse. À chaque arrêt, des gens venaient les rencontrer, notamment des parents et des amis des petits malades, du personnel infirmier ainsi que les inévitables fans des deux artistes. Marie-Soleil prenait la parole, s'adressait aux enfants et au public et, chaque fois, on procédait au tournage de séquences de certains moments touchants. C'était suivi de séances de photos et de signature d'autographes, pour finalement aboutir dans les chambres des jeunes malades. Elle aimait les réconforter en privé, un par un, et leur transmettre son amour. Souvent, elle les prenait dans ses bras, les serrait contre elle et les embrassait. Régulièrement, des parents saisis de désespoir demandaient à s'entretenir en privé avec Marie-Soleil. Elle acceptait toujours de les rencontrer et sa joie de vivre représentait un baume pour nombre d'entre eux.

Faire reculer l'inévitable

Marie-Soleil aimait prendre part aux défis que les organisateurs d'Opération Enfant Soleil lançaient aux enfants, par exemple à ceux qui affichaient des tendances suicidaires ou, dans d'autres cas, aux leucémiques; elle les invitait à tenir bon jusqu'au prochain téléthon. Ce fut le cas du jeune David Brunet, alors âgé de dix-sept ans. Un jour de décembre, il s'était confié à Marie-Soleil:

– Moi, mon rêve, c'était de devenir chanteur...

David souffrait de leucémie en phase terminale. Les médecins lui donnaient deux semaines à vivre.

– Je vais te proposer un marché. Je vais parler avec le producteur et, si tu es capable de te battre et te rendre jusqu'au prochain téléthon, tu vas chanter. Nous allons faire de toi une vedette!

Puis elle ajouta:

– Quelle chanson aimerais-tu interpréter?

– Celle de mon idole, Luc de la Rochelière, la chanson: *Si fragile*.

Marie-Soleil n'eut aucun mal à convaincre les organisateurs du téléthon, la direction d'Opération Enfant Soleil étant déjà dans le coup.

– J'ai fait un *deal* avec David, de Sainte-Justine, plaida-t-elle auprès des responsables. Il m'a confié qu'il avait déjà chanté avec les petits chanteurs du Cap-de-la-Madeleine, et il faut qu'on lui donne la possibilité de réaliser son rêve...

Tout le monde était d'accord pour jouer le jeu, mais les médecins trouvaient l'idée peu réaliste.

– Jamais David ne tiendra six mois, répondirent-ils.

On ne donnait au malade que deux semaines au plus...

Pourtant David releva le défi. Il vint chanter en direct au téléthon d'Opération Enfant Soleil, en juin 1995. Pour concrétiser davantage le rêve du jeune homme, la direction d'Opération Enfant Soleil lui réserva une surprise en invitant son idole, Luc de La Rochelière, à la soirée du téléthon. Sa prestation atteignit son paroxysme lorsque Luc vint rejoindre David sur scène pour chanter les dernières paroles avec lui. Durant toute la durée du spectacle, David était branché sur une pompe à morphine. Le public et les artistes étaient bouleversés et l'émotion à son comble. Marie-Soleil craqua devant les caméras. Ce n'était plus du show business. Fondamentalement, on avait affaire en direct à Marie-Soleil, à l'être humain bouleversé, à la gentille petite fée dispensatrice de bonheur, et non à une simple animatrice émue. David réussit de justesse à terminer sa chanson, car, pendant le spectacle, son taux de plaquettes sanguines avait chuté de façon dramatique. Un avion privé l'attendait pour le transporter d'urgence à l'hôpital Sainte-Justine de Montréal.

David, qui avait réalisé son rêve, s'est éteint un mois plus tard, au début du mois de juillet. Pierre Touzin affirme avec certitude: «C'est uniquement grâce au défi qui lui avait été lancé que le jeune homme s'est accroché et a pu vivre jusque là...» Marie-Soleil fut touchée en apprenant la mort de David. Elle se trouvait alors en France pour le tournage de *Fort Boyard*. Avant son départ, elle était allée lui rendre visite à Sainte-Justine.

Elle avait été ébranlée par la maîtrise incroyable de David tout au long du téléthon, alors que toute l'équipe parvenait à peine à contrôler ses émotions. Elle était impressionnée par la sérénité de ces enfants devant la mort. Le courage avec lequel les malades se battaient pour survivre la poussait à faire davantage pour eux.

— À leur place, aurais-je la force d'affronter la mort avec autant de dignité? se demandait-elle souvent.

Cette question la faisait beaucoup réfléchir. Marie-Soleil avait un sens moral et civique exceptionnel. Son désir de soulager la maladie ou la misère se transposait dans sa morale quotidienne. Cet altruisme faisait partie du besoin d'absolu qu'elle recherchait vainement chez ses compagnons de vie. Cette disponibilité, ce don de soi lui avaient probablement fait atteindre cette «inaccessible étoile» que chantait Jacques Brel. La maturité qu'elle en retirait impressionnait ses camarades comme le grand public.

Au-delà du devoir...

Elle voulait que les enfants tiennent le coup le plus longtemps possible et se battait avec eux contre la maladie. Pour les encourager, elle leur téléphonait entre ses visites et leur laissait son numéro de téléphone personnel. Plusieurs enfants s'en sont servi pour l'appeler dans des moments pénibles. Son frère Sébastien se rappelle que, lorsque Marie-Soleil recevait un coup de fil d'un enfant malade, lui seul comptait. Elle pouvait passer une heure au téléphone et revenait à ses invités plus tard.

Les enfants étaient émerveillés par l'intérêt qu'elle leur portait. Quand on souffre et qu'on n'a plus envie de s'accrocher, les bonnes intentions et les encouragements ne suffisent pas.

– Je vais penser à toi. Et, quand ça fera très mal, serre les poings et pense à moi...

Et elle ajoutait:

– Je vais revenir te voir bientôt.

Elle tenait parole. À maintes reprises, entre deux engagements, elle et Francis retournaient visiter plusieurs petits malades.

Marie-Soleil s'est donnée totalement à cette cause. Ses proches n'hésitent pas à dire qu'elle était un être humain d'une dimension extraordinaire, hors-série. Plusieurs disent aussi qu'elle se serait probablement moins engagée dans Opération Enfant Soleil si de jeunes malades – souvent incurables – n'avaient été en cause. Marie-Soleil prenait d'autres engagements, comme auprès des jeunes filles en difficulté, mais, avec les enfants, son dévouement était sans réserve.

Les deux dernières années, les organisateurs de l'opération décidèrent d'allonger la tournée de quelques jours pour être moins bousculés. On voulait visiter un moins grand nombre d'hôpitaux par jour, sans toutefois en sacrifier un seul. Mais cet échéancier moins serré n'a pas donné un horaire moins chargé et Marie-Soleil n'était pas étrangère à ce phénomène.

Alors que leur voiture quittait Québec pour se rendre à Chicoutimi, Marie-Soleil reprenait les dossiers des enfants.

– Eh! on passe sur le boulevard Talbot, n'est-ce pas?

– Oui, en effet...

– Le petit Jean-Philippe demeure tout près d'ici. On va arrêter chez lui...

C'est ainsi qu'elle proposait des visites à domicile chez des enfants malades. Que l'horaire fût bousculé ou non n'inquiétait pas outre mesure Marie-Soleil. Elle voulait rencontrer le plus d'enfants possibles, et si le temps manquait, il suffisait de dormir un peu moins la nuit suivante.

Un jour, en tournée à la Malbaie, l'équipe avait décidé de prendre une journée pour faire le point. Dès que Marie-Soleil eut mis les pieds à l'hôtel, elle annonça:

— Luc Dussault, le producteur, et moi, on a eu une idée. Aujourd'hui, on n'a rien au programme, alors on pourrait produire des cassettes personnalisées pour les enfants.

Faire équipe pour vaincre

Ces cassettes n'étaient pas destinées à la diffusion publique, mais à l'usage personnel de chaque enfant. On procéda à l'enregistrement de plusieurs dizaines d'entre elles. Les messages étaient simples, mais remplis d'amour et d'espoir. Il s'agissait d'un gros plan sur Marie-Soleil ou sur Francis. Ils pouvaient dire par exemple: «Bonjour Martin, comment vas-tu aujourd'hui? Je pense à toi très souvent. Ensemble, nous faisons équipe pour vaincre.» À Noël, ils envoyèrent toutes ces cassettes aux enfants qui en avaient le plus besoin.

Opération Enfant Soleil était devenue un véritable sacerdoce qui prenait toujours plus d'importance. Marie-Soleil, émue de toucher à ce point les enfants, voulait toujours donner davantage d'année en année. Elle était contrariée de ne pouvoir rester avec eux aussi longtemps qu'elle le souhaitait. Elle aurait désiré rencontrer les enfants de façon moins chronométrée et leur offrir davantage à chaque visite.

Durant les vingt-quatre heures d'animation du téléthon, quand elle était épuisée, il lui arrivait de s'impatienter. Elle passait ses sautes d'humeur sur ses proches ou sur les membres de l'équipe. C'était simplement sa façon de se libérer de la forte tension qu'elle subissait. C'était particulièrement à ces moments-là que sa mère jouait un rôle important en coulisse pour la soutenir avec tout son amour.

Marie-Soleil s'était sentie ulcérée par une critique de presse à la suite d'une prestation qu'elle avait réalisée avec ses deux collègues et amies de *Chop Suey*, Isabelle Miquelon et Valérie Gagné. Les trois comédiennes avaient chanté au téléthon Enfant Soleil. Marie-Soleil, qui ne chantait pas très bien, avait peur de se produire ainsi en public, mais elle avait tout de même accepté de le faire pour la cause. Un journal régional avait publié la lettre d'un lecteur grincheux qui soulignait à quel point la prestation avait été, selon ses propres termes, épouvantable. Marie-Soleil rageait de colère, d'autant plus désolée que son amie Valérie s'était, elle, montrée à la hauteur de son talent de chanteuse.

Le désir d'avoir des enfants

On devine qu'une femme qui se voue de cette façon aux enfants rêve d'en avoir elle-même. Marie-Soleil y songeait sérieusement, mais ni Alain et encore moins Jean-Claude ne partageaient ce désir.

Lorsque son père Serges et sa seconde femme Line ont eu leur fils Frédéric-Alexandre, ce fut pour Marie-Soleil une sorte de maternité par procuration. Elle l'aimait un peu comme l'enfant qu'elle n'avait pas.

Au début de sa liaison avec Jean-Claude, certains l'ont surprise à dire qu'elle voulait des enfants. Ses amies lui faisaient remarquer qu'il lui faudrait d'abord se trouver un «chum». Marie-Soleil savait bien que son cinéaste n'était pas du genre à jouer les aimables papas. Et puis, Jean-Claude – on s'en souvient – n'était pas son «chum», seulement son «pas chum».

Elle estimait également qu'il lui fallait d'abord explorer de nouvelles avenues de carrière.

«À trente ans, il sera temps de faire des choix», disait-elle.

Malgré tout, Marie-Soleil pensait souvent à une éventuelle maternité. Un jour elle confia à son amie Isabelle Miquelon:

– Si on décide un jour d'avoir des enfants, Jean-Claude et moi, je suis consciente que je devrai assumer les responsabilités parentales. Je ne pourrai vraiment pas compter sur lui.

Par exemple, elle savait qu'elle ne pourrait plus partir en France durant deux semaines pour tourner *Fort Boyard*. Aurait-elle la force de renoncer au plaisir de tourner à l'étranger? Pour une foule de raisons, elle sentait qu'il ne fallait rien bousculer.

Lorsqu'elle abordait le sujet avec Jean-Claude, elle se heurtait à un mur. Il affirmait ne pas vouloir se reproduire. Il refusait de «perpétuer ses gènes», disait-il, se trouvant «beaucoup trop imparfait». Ses amis soutiennent que la dernière année de sa vie se révéla significative pour lui et qu'il était devenu moins catégorique. S'était-il laissé prendre au jeu de l'amour? Certains de ses proches ont affirmé que, quelque temps avant son accident, il avouait que la question des enfants «méritait d'être envisagée».

Chapitre VIII

Une générosité hors du commun

Les Débrouillards.

*U*n samedi matin, 9 h 30. On sonne à la porte.

Hubert se trouve dans la cuisine, en train de préparer le petit déjeuner.

– Isabelle, va répondre, s'il-te-plaît.

Sans dire un mot, le sourire aux lèvres, il continue à s'affairer, sachant très bien qui se trouve derrière la porte. Il jette un rapide coup d'œil à sa montre. Ça ne peut être qu'elle, car elle est toujours d'une ponctualité exemplaire.

À l'occasion, il arrivait à Hubert d'héberger sa nièce de Québec, Isabelle, pour le week-end. La jeune fille était en admiration devant Marie-Soleil. Il le savait, et, pour lui faire plaisir, avait demandé la semaine précédente un petit service à Marie-Soleil.

– Allô? C'est Hubert. Que fais-tu samedi prochain?

– Pourquoi? Y a-t-il quelque chose de spécial? avait-elle aussitôt répliqué.

– Oui. En fait, ma nièce Isabelle sera chez moi pour le week-end. Étant donné qu'elle est en admiration devant toi, elle me sera éternellement reconnaissante si tu venais faire un petit tour de cinq minutes pour la saluer. Mais seulement si tu te trouves dans les environs, bien sûr...

Hubert Sacy n'était pas un proche de Marie-Soleil. En fait, il s'agit d'un associé de son père à l'agence de publicité. Ses rapports avec Marie-Soleil étaient d'ordre professionnel. Quelques années plus tôt, Éduc'alcool, dont il assume la gestion, avait choisi Marie-Soleil comme porte-parole. La crédibilité de Marie-Soleil, son professionnalisme et son talent, jumelés à sa consommation plus que modérée d'alcool, avaient été suffisants pour porter son choix sur elle. Au fil du temps, les événements avaient prouvé qu'ils ne s'étaient pas trompé.

Un geste qui va plus loin qu'il n'y paraît

– D'accord pour le petit déjeuner samedi! Alors, disons 9 h 30...

Isabelle ouvrit la porte et resta bouche bée. Son idole, Marie-Soleil, se trouvait devant elle.

– Bonjour, est-ce qu'Hubert est ici? demanda Marie-Soleil avec son plus beau sourire.

– Oui, bien sûr! répondit nerveusement la jeune fille.

– Puis-je entrer?

– Oui, oui, entrez, dit maladroitement Isabelle.

Isabelle se mit à courir en direction de son oncle, et lui chuchota:

– C'est Marie-Soleil qui est à la porte et qui demande à te voir!

Aussitôt les présentations faites, Marie-Soleil s'adressa surtout à Hubert. Tout au long du déjeuner, elle lui demandait des conseils sur une prochaine conférence à donner pour Éduc' alcool. Pourtant, il s'attendait à ce qu'elle s'adresse surtout à la petite Isabelle puisqu'elle était venue spécifiquement pour elle. D'abord un peu surpris, Hubert décida tout de même d'entrer dans le jeu de Marie-Soleil en répondant à ses questions, tout en sachant bien qu'aucune prochaine conférence n'était prévue.

À l'occasion, Marie-Soleil s'adressait à Isabelle, mais elle revenait toujours à Hubert. En l'espace d'une matinée, Hubert prit la vedette, devint le plus grand des héros aux yeux de sa nièce. Pour celle-ci, la conclusion était claire: la célèbre, la prestigieuse Marie-Soleil Tougas était venue demander conseil à son oncle. Elle s'effaça volontairement en jouant un rôle secondaire, laissant toute la place à Hubert, car c'est à lui qu'elle voulait d'abord faire plaisir. D'une manière ou d'une autre, la petite Isabelle allait être comblée. Ce n'était pas la peine d'en rajouter.

C'est avec beaucoup d'émotion, qu'Hubert repense aujourd'hui à cette journée. Marie-Soleil avait réussi à le hisser au premier rang aux yeux de sa nièce, sans rien demander. Ne serait-ce qu'à cause de cela, Marie-Soleil restera à jamais pour lui un être exceptionnel. Quelques années plus tard, il apprit, tout à fait par hasard, que ce fameux samedi matin Marie-Soleil se trouvait en réalité à cent trente kilomètres de chez lui, et qu'elle avait parcouru cette distance juste pour lui rendre ce petit service. Marie-Soleil ne comptait ni son temps ni ses sourires. Elle faisait preuve d'une grande disponibilité envers les personnes qu'elle estimait. Dans la vie quotidienne, elle posait des gestes généreux et réussissait à trouver le temps nécessaire pour sa famille et ses amis.

À l'écoute de tous et de toutes

Pour bon nombre de personnes, sa générosité se manifestait aussi dans sa façon de communiquer avec les gens. Elle prenait le temps d'écouter sans les brusquer. Lorsqu'elle mettait les pieds sur le plateau, elle saluait tout le monde et demandait des nouvelles de chacun. Elle avait le don de poser des questions avec sa façon bien à elle de plonger son regard dans les yeux des autres, des questions qui n'étaient jamais des formules de politesse: elle s'intéressait sincèrement à ses interlocuteurs.

Elle possédait une qualité d'écoute extraordinaire, une façon tout à fait unique de prêter l'oreille. Ses amis racontent qu'après avoir perdu contact avec elle pendant quelques mois, dès qu'ils la rencontraient de nouveau, c'était comme s'ils s'étaient parlé la veille. Elle se rappelait où chacun en était, se souvenait de ce qui les avait préoccupés quelques mois auparavant et s'informait du dénouement des derniers événements. En sa présence, on se sentait la personne la plus importante du monde.

Marie-Soleil a épousé de nombreuses causes, malgré un emploi du temps infernal. Faire du bénévolat n'est pas exceptionnel, mais offrir ainsi de son temps lorsqu'on a vingt-cinq ans, qu'on est belle et célèbre, qu'on possède une certaine indépendance financière et la liberté de choisir, passer ses après-midi dans des hôpitaux avec des enfants malades plutôt que de paresser au soleil, voilà qui est exceptionnel. Lorsque Sylvie Payette lui en fit la remarque elle répondit:

— Oui, mais les enfants m'apportent bien plus que ce que j'ai à leur offrir.

Un cachet à frais virés...

Lorsque Pierre Touzin l'approcha pour animer le téléthon avec Francis Reddy, il dut d'abord convaincre Serges Tougas du bien-fondé de sa démarche et celui-ci préféra ensuite remettre la décision entre les mains de sa fille.

— Si tu réussis à convaincre Marie-Soleil, c'est d'accord, lui avait répondu Serges.

Après avoir mûrement réfléchi, Marie-Soleil, avec son grand cœur et son amour des enfants, accepta.

— Je veux bien, mais ma seule crainte, c'est que je ne sais comment m'y prendre avec les enfants malades: il faudra me montrer, se contenta-t-elle de faire remarquer.

De son côté, Serges Tougas avait négocié avec François Carignan, le producteur à l'époque, le cachet de sa fille. Ce travail d'animatrice devait être rémunéré, car, après tout, c'était une tâche qui allait lui demander beaucoup de temps et d'énergie. Elle allait même se trouver dans l'obligation de refuser d'autres propositions durant cette période. De plus, l'organisme profiterait de la notoriété de Marie-Soleil et il n'ignorait pas que l'équipe technique était rémunérée pour son travail au téléthon.

À la fin du premier téléthon, lorsque Marie-Soleil reçut son chèque, elle refusa de l'encaisser. Elle voulait que cet argent servît à la cause des enfants malades. Comme tous les animateurs du téléthon, elle annula le chèque d'un trait de plume et le remit dans l'enveloppe à l'attention d'Opération Enfant Soleil. Sur le coup, son père fut contrarié: «J'ai mis du temps à te négocier ce contrat», lui fit-il remarquer.

Mais Marie-Soleil n'en fit qu'à sa tête. Tout au long de son engagement, non seulement n'a-t-elle jamais encaissé un sou pour ce travail, elle débroursa même de l'argent. Par exemple, elle payait elle-même certains de ses vêtements et de ses repas. Marie-Soleil avait recours à sa mère pour l'épauler, la soutenir et veiller aux nombreux détails indispensables à la bonne marche de son travail. C'est également elle qui assumait certains frais de repas et d'hébergement de Micheline.

Marie-Soleil savait gérer son temps mieux que personne. Durant ses nombreux déplacements aériens, elle profitait du temps de vol pour apprendre ses textes et répéter avec Francis. Lorsqu'il lui restait quelques minutes libres, elle s'occupait en compagnie de Francis et Pierre en jouant aux dés. L'esprit vif, Marie-Soleil aimait les jeux où il fallait feindre. Elle insistait pour qu'il y ait de l'argent en jeu, à condition que les gains soient remis à Opération Enfant Soleil.

– Quant à perdre son temps à jouer, autant que ça profite aux enfants, disait-elle.

Douée pour les affaires, elle se préoccupait des finances d'Opération Enfant Soleil, posait une foule de questions afin de pouvoir en parler avec aisance. De chaque dépense elle s'informait du coût et essayait de trouver une solution qui réduirait les frais d'opération. Pierre Touzin assure qu'elle était non seulement excellente comme porte-parole, mais qu'elle aurait aussi excellé dans la promotion ou le marketing de l'organisation.

Peu avant ses débuts comme animatrice de *Fort Boyard*, au cours d'une réunion de production avec l'équipe de TVA, Marie-Soleil eut l'idée de consacrer l'argent amassé par les concurrents à Opération Enfant Soleil. La direction de TVA accepta d'appuyer son idée. L'Opération Enfant Soleil avait fait d'elle une apôtre sans réserve de l'entraide qui mobilisait toute son énergie au service d'une cause que soutenait généreusement le public.

Chercher l'humanité...

Opération Enfant Soleil mise à part, Marie-Soleil avait à cœur bien d'autres idéaux sociaux. Chaque fois qu'elle s'engageait, elle se servait de sa notoriété pour soutenir ses idées, mais jamais l'inverse. Elle était consciente de l'impact qu'elle créait en se dévouant à un projet humanitaire qui la dépassait.

Les droits des détenus allaient aussi retenir son attention. Durant sa liaison avec Alain Choquette, le couple eut, à quelques reprises, l'occasion de visiter des prisons. Alain avait été sollicité pour aller faire, comme bénévole, de l'animation au Centre de détention de Saint-Anne-des-Plaines. Il avait accepté et Marie-Soleil voulut l'accompagner. Durant ses prestations, elle avait demandé à la direction de rendre visite aux détenus jugés dangereux, ceux qui ne sortent pratiquement jamais de leur cellule. Accompagnée d'un gardien, elle allait les voir pour s'entretenir avec eux. Alain et elle posaient beaucoup de questions sur les raisons de leur incarcération, sur les regrets qu'ils éprouvaient. Marie-Soleil se gardait de juger et cherchait, même chez des criminels endurcis, la lueur d'humanité qui subsistait en eux.

Marie-Soleil dans le rôle de Zoé Cayer, à la fin de sa première saison dans **Peau de Banane,** *en mai 1982.*

P.A. Morin, le réalisateur de l'émission Peau de Banane, *avec Marie-Soleil et Sébastien Tougas.*

Marie-Soleil et Sébastien (Zoé et Renaud) : frère et soeur à la télévision comme dans la vie.

Les principaux comédiens de l'émission Peau de Banane. *De gauche à droite: Yves Corbeil, Sébastien Tougas, Marie Michèle Desrosiers, Marie-Soleil et Louise Deschâtelets.*

Nicholas Brillon, son ami de cœur à l'époque, avait fait une apparition dans l'émission Peau de Banane.

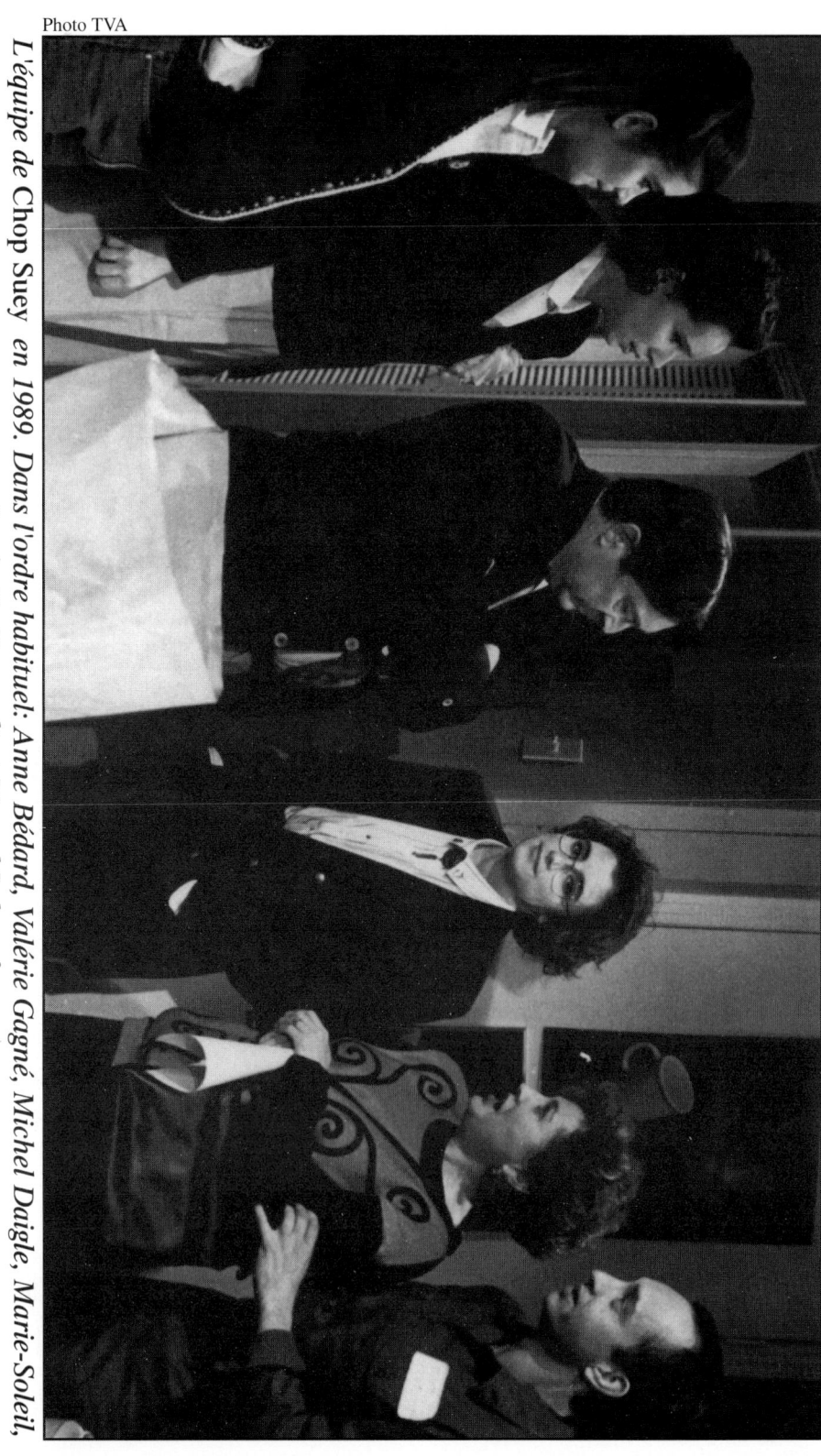

Photo TVA

L'équipe de Chop Suey en 1989. Dans l'ordre habituel: Anne Bédard, Valérie Gagné, Michel Daigle, Marie-Soleil, Louisette Dussault et Marcel Lebœuf.

Marie-Soleil incarnait Judith Létourneau dans Chop Suey, le téléroman de Christian Fournier. Elle participa à chacun des 227 épisodes, diffusés sur une période de sept ans et demi.

Dès 1987, une magnifique complicité s'était développée entre Anne, Valérie et Marie-Soleil, les trois comédiennes de Chop Suey.

Marie-Soleil a beaucoup aimé travailler avec Marcel Lebœuf.

Dans Chop Suey, *elle a aussi joué en compagnie de Cédric Noël.*

Valérie Gagné, Marie-Soleil et Isabelle Miquelon, qui s'est jointe à l'équipe de Chop Suey *en 1990.*

Chop Suey, *cuvée automne-hiver 1994-1995: Valérie Gagné, Marie-Soleil, Isabelle Miquelon.*

Marie-Soleil pendant un tournage de **Chop Suey** *au cours de la saison 1993-1994.*

C'est dans l'émission Chambres en ville *que Marie-Soleil a connu le comédien Francis Reddy.*

Photo TVA

En 1992, Marie-Soleil devient Roxanne dans Chambres en ville, le téléroman de Sylvie Payette. On la voit ici en compagnie de Patricia Paquin.

Elle a eu le plaisir de jouer avec Anne Dorval.

Photo TVA

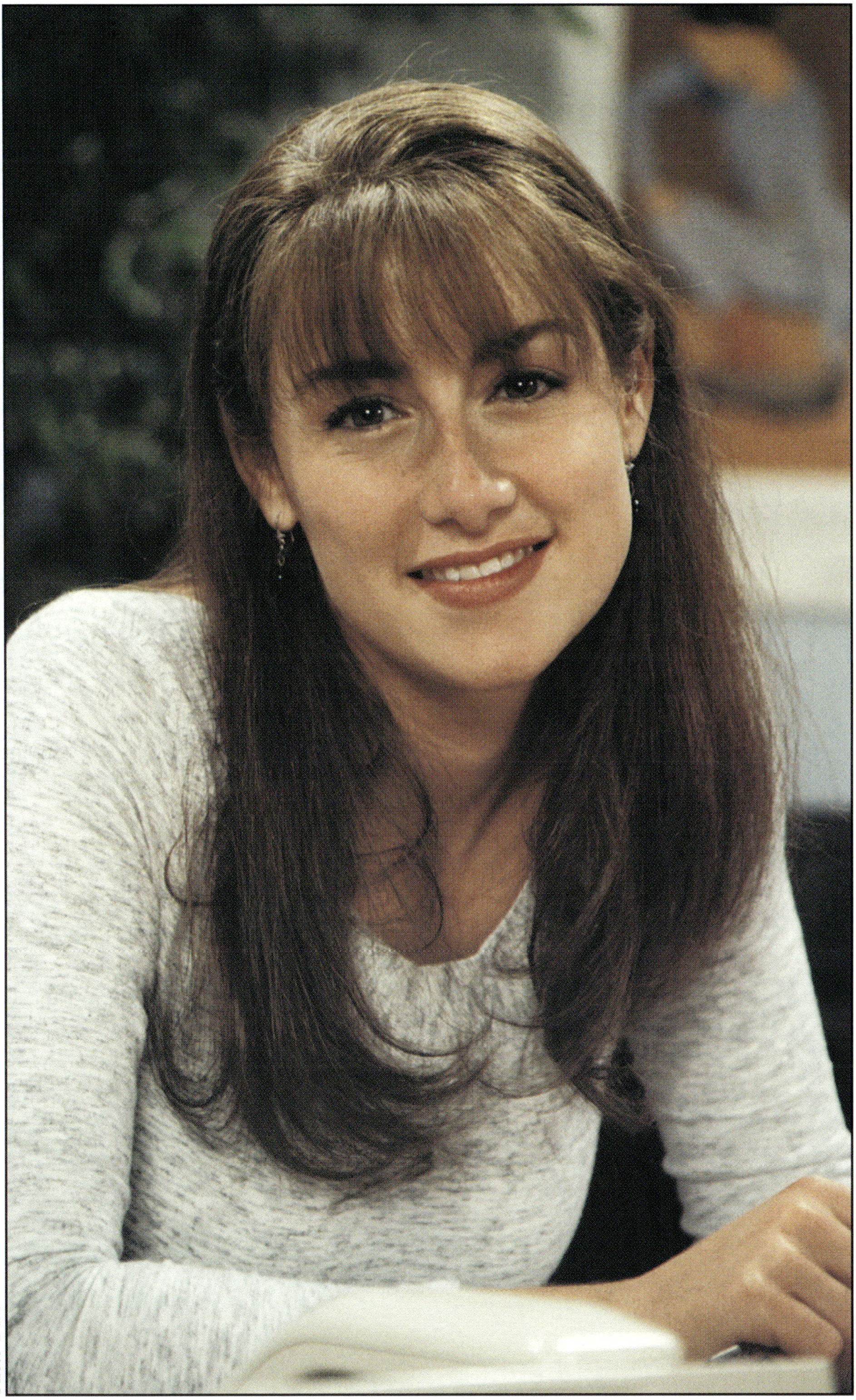

Photo TVA

Photo TVA

Le 13 mars 1994, Marie-Soleil reçoit le Métrostar de la meilleure actrice pour son rôle de soutien dans l'émission Chambres en ville. On la voit ici en compagnie du comédien Jean Besré, qui lui remet le prix.

Ensemble ils ont visité à plusieurs reprises des enfants malades. Une façon pour eux de garder les deux pieds sur terre. Quand ils croisaient des personnes handicapées, loin de les éviter, ils s'en approchaient pour leur parler. Lorsqu'on demande à ses intimes ce qui faisait le plus plaisir à Marie-Soleil, une réponse revient invariablement: faire plaisir aux autres!

Un jour, Marie-Soleil apprit lors d'un souper entre amies, que l'une d'entre elles avait prêté de l'argent à un garçon en difficulté. Il tardait à la rembourser si bien qu'elle était incapable de payer le solde de 2 000$ sur son crédit. Sans qu'on le lui demande, Marie-Soleil se porta volontaire pour lui prêter cet argent, le temps qu'elle le récupère.

* *
*

En 1997, alors que le gouvernement faisait d'importantes compressions budgétaires, Micheline, la mère de Marie-Soleil, qui travaillait pour la Commission scolaire de l'Argile-Bleue, se trouva face à un choix difficile concernant une possible pré-retraite. L'offre était alléchante, mais Micheline trouvait cette décision prématurée, d'autant qu'elle avait encore des obligations financières. Ce jour-là, Micheline retournait la question dans tous les sens, refaisait les mêmes calculs, pour finalement conclure que son rêve était irréalisable. C'est alors que le téléphone sonna. C'était Marie-Soleil. Elle lui téléphonait régulièrement, au moins une fois par semaine.

– Comment vas-tu?

– Ça va, répondit Micheline d'une voix neutre.

Mais Marie-Soleil n'était pas dupe: si quelque chose ne tournait pas rond chez sa mère, en insistant un peu, elle finissait toujours par savoir ce qui la préoccupait.

— Je viens d'analyser mon offre de préretraite, et je suis passée du stade «Oui, je peux la prendre!» à celui où je dois renoncer à tout ça.

La conversation porta sur un autre sujet pour se terminer, comme à l'accoutumée, sur une note positive. Quelques minutes plus tard, la sonnerie du téléphone retentissait de nouveau.

— C'est encore Marie-Soleil. Je vais passer à la maison pour souper, d'accord?

— D'accord.

Marie-Soleil aimait lui rendre visite. Elle se sentait à l'aise chez sa mère. Elle pouvait parler de tout et aimait bien sa cuisine. Mais, ce jour là, dès qu'elle entra, elle se montra plus fébrile que d'habitude.

Dès qu'elles se mirent à table, Marie-Soleil attaqua d'emblée:

— J'ai un travail à te proposer...

— Voyons, Marie-Soleil, je ne veux pas m'engager maintenant dans une nouvelle carrière. À mon âge! Et puis, j'aime bien ce que je fais à la commission scolaire...

— Non, non, il s'agit d'un travail amusant, qui te laisserait du temps libre.

— Mais de quoi parles-tu?

— Voudrais-tu travailler pour moi? J'ai un tas de dossiers à classer et de la comptabilité à faire, et je n'ai pas le temps de m'en occuper.

— Mais voyons, Marie-Soleil, es-tu en train de me proposer un cadeau sous forme de salaire pour me permettre de prendre ma retraite?

— Non, non, tu n'y es pas du tout. J'ai vraiment besoin de quelqu'un pour s'occuper de mes affaires. Quand je pars en voyage, tu pourrais venir arroser mes plantes et en profiter pour les rempoter. Je vais vraiment te trouver du travail.

Après bien des discussions, et devant l'insistance de Marie-Soleil, Micheline accepta sa proposition, qui était, somme toute, très généreuse. Et puis, comme Marie-Soleil l'avait expliqué plus tard à Charlotte, qui était devenue une amie intime, «Je ne pouvais pas passer à côté de cette occasion d'aider ma mère». Hélas! cet arrangement ne se concrétisa pas puisqu'il devait prendre forme après le congé scolaire estival, à l'automne 1997.

Chapitre IX

Simple et spontanée

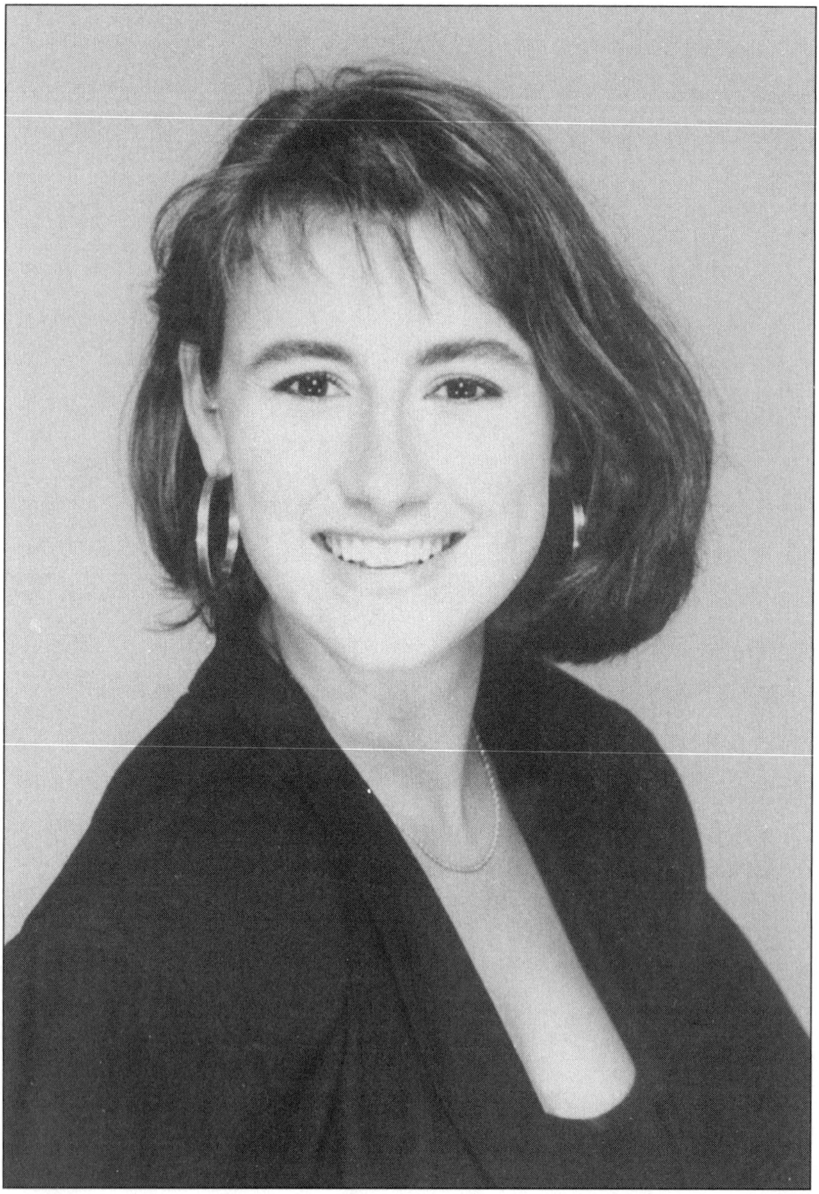

*M*arie-Soleil était d'une simplicité étonnante. Malgré son immense popularité, elle demeura toujours humble et authentique. Son succès ne lui est jamais monté à la tête. D'ailleurs, sa propre réussite ne l'impressionnait guère car, pour elle, son métier n'avait rien d'un grand exploit. Elle n'aimait pas jeter de la poudre aux yeux et ne cherchait pas à épater la galerie.

Il y avait en elle un côté très naturel qui dominait. Elle sortait souvent sans maquillage, s'habillait simplement, préférait les vêtements confortables et aimait porter des jeans. Elle n'avait besoin d'aucun artifice pour attirer l'attention.

L'incontournable vedettariat...

Marie-Soleil était consciente de la chance qu'elle avait eue, et c'est peut-être pourquoi elle aimait tant la vie. D'ailleurs, elle le disait très souvent à ses proches. Belle, talentueuse, célèbre et autonome, elle se considérait privilégiée.

– Je suis tellement heureuse et chanceuse! Si j'arrive à transmettre aux enfants malades ne serait-ce qu'un peu de mon amour pour la vie et si je peux apporter un moment de bonheur dans leur existence, j'aurai accompli quelque chose, avait-elle l'habitude de dire.

Marie-Soleil avait beaucoup de difficulté à composer avec les malédictions de la vie: maladie, misère, mesquinerie... À ses yeux, la plus grande injustice du monde était sûrement que des enfants souffrent. À ce sujet, elle estimait que nous devions tous faire notre part en faisant preuve de solidarité, en poussant à la roue, chacun selon ses moyens.

Les enfants qui avaient le plaisir de la rencontrer n'étaient pas tant éblouis par la «vedette» qu'elle était, que par sa bonté naturelle. «Nous étions conscients de son talent, mais surtout impressionnés par son magnétisme. C'est sa personnalité simple, attachante, et son cœur ouvert à la vie qui faisaient que nous l'aimions tant», dirent beaucoup d'enfants après sa disparition.

Le «vedettariat» était ce qu'elle aimait le moins de son travail. Jeune, elle préférait demeurer à l'écart plutôt que de devoir signer des autographes. Au fil des ans, elle apprit à gérer ce côté incontournable du métier et quand elle s'y prêtait, elle le faisait de bonne grâce, prenant le temps de demander le nom de la personne, d'ajouter un petit message, ainsi qu'un soleil à sa signature. Les premières années de sa carrière, elle cherchait à éviter les foules. Un jour, alors qu'elle n'avait que quatorze ans et qu'en rentrant à la maison, son père fit un arrêt à l'aréna de Saint-Bruno pour aller voir son frère Sébastien disputer un match de hockey, elle refusa de sortir de la voiture.

– Mais voyons, tu ne vas pas rester dans la voiture pendant tout le match! lui fit remarquer son père, surpris.

– Tout à fait! Je ne suis plus capable de me faire pointer du doigt et d'entendre crier: «Hiiiiiiiii! C'est elle!»

Son père comprenait et respectait ses choix: dans un centre sportif, parmi une foule d'adolescents, on se sent piégé. Autant pour elle que pour son père, il s'agissait d'un phénomène nouveau, et ils ne savaient trop comment réagir devant cette insistance de la partie juvénile de son public.

Avec le temps, elle apprit à composer avec ces inconvénients du métier. Elle n'évita plus les lieux publics, mais modifia ses habitudes. Par exemple, lorsqu'elle magasinait dans les centres commerciaux, elle pressait le pas et faisait ses courses sans flâner. Elle optait souvent pour de petites boutiques ou choisissait des restaurants tranquilles pour casser la croûte avec ses amis.

Marie-Soleil prisait les plaisirs de la table, mais préférait les restaurants sans prétention. Il y avait toutefois une spécialité japonaise à laquelle elle ne résistait pas: les sushis, ces roulés au poisson cru, très à la mode. D'ailleurs, au *party* de son vingt-cinquième anniversaire, qu'elle avait elle-même organisé, le sushi était à l'honneur. Par ailleurs, Marie-Soleil ne buvait pratiquement jamais d'alcool; mais elle commençait à apprécier le bon vin depuis qu'elle était avec Jean-Claude.

Aimable avec tous

Un jour, Louis Grenier aperçut Marie-Soleil par hasard dans un bistro. À ce moment-là, il la connaissait très peu. En fait, il l'avait rencontrée alors qu'elle animait le Gala de la Griffe D'or. Il remarqua qu'elle était seule et, après quelques hésitations, décida d'aller la rejoindre à sa table. Tout de suite elle le reconnut puisqu'il avait présenté sa collection de vêtements Kanuk lors dudit gala.

Marie-Soleil l'invita à s'asseoir, et, immédiatement, la conversation s'engagea comme s'ils se connaissaient depuis toujours.

Quelques minutes plus tard, un couple les rejoignit à la même table. Marie-Soleil les accueillit avec un sourire. La femme s'installa près d'elle et l'accapara en lui parlant de sa vie personnelle. Marie-Soleil l'écoutait attentivement. Louis conclut que ces dames avaient des confidences à échanger et décida de les quitter.

Quelques temps plus tard, lorsque Louis rencontra de nouveau Marie-Soleil, il en profita pour lui présenter ses excuses.

— Je suis désolé pour l'autre jour, je t'ai dérangée avec tes amis, dit-il.

— Mais de quoi parles-tu? Quels amis? demanda Marie-Soleil, étonnée.

— Je parle de la dernière fois où l'on s'est vu au bistro, précisa Louis.

— Mais non, voyons, tu ne m'a pas dérangée. Je ne n'avais jamais vu ces gens-là de ma vie! affirma Marie-Soleil.

— Tu ne connaissais pas le couple qui est venu s'asseoir à ta table?

Heureusement, Louis et Marie-Soleil eurent plusieurs autres occasions d'échanger. Ils avaient tous les deux une passion commune: le pilotage. Et Louis était également un ami de Jean-Claude Lauzon.

Un jour, son ami Michel Lamoureux, le professeur d'art dramatique, lui avait demandé de rendre visite à ses élèves de quatrième année qui travaillaient à un projet sur le métier de comédien.

— Marie-Soleil, ce serait formidable pour les enfants si tu pouvais venir les rencontrer en classe une dizaine de minutes pour répondre à leurs questions, lui suggéra-t-il timidement.

— Bien sûr que je vais y aller! Et il me semble que je te l'avais déjà offert, pensa tout haut Marie-Soleil.

— Oui je sais, mais je ne voulais pas abuser de ta gentillesse.

— Bon, laisse faire ça! dit-elle en ouvrant son agenda.

Comme toujours, son emploi du temps était très chargé, mais elle trouva tout de même le temps d'aller leur parler. Les élèves avaient préparé des questions et s'initiaient par la même occasion au métier d'interviewer.

— Il y a une question que vous ne m'avez pas encore posée... Peut-être êtes-vous gênés... leur dit-elle d'un ton amusé. Vous ne voulez pas savoir comment ça se passe quand j'embrasse un autre comédien?

Finalement, elle était restée près d'une heure à répondre à leurs questions. Avant de partir, elle avait signé des autographes à chacun et les avait serrés un par un dans ses bras.

Le rire est le propre de l'Homme...

Marie-Soleil était simple, mais aussi très spontanée. Elle répondait du tac au tac et avait la réputation de ne pas avoir la langue dans sa poche. Elle possédait un sens de l'humour très aiguisé et un rien la faisait rire. Elle aimait rigoler, surprendre et jouer des tours. Dans les premières années de *Chop Suey*, pendant les périodes où la caméra n'était pas sur elle, elle aimait taquiner et faire rire la comédienne qui se trouvait devant la caméra. Elle pouvait, par exemple, se mettre une casserole sur la tête, juste pour déconcentrer sa collègue. En revanche, il lui arrivait qu'on lui rende la pareille, particulièrement Marcel Lebœuf, qui ne donnait pas sa place pour jouer des tours.

C'était sa façon de mettre tout le monde à l'aise. Elle possédait un répertoire étonnant d'histoires d'une verdeur surprenante, qu'elle prenait plaisir à raconter. Bref, rien pour confirmer son image de jeune fille modèle!

Il en aurait fallu bien moins pour se sentir scandalisé, particulièrement pour les gens qui l'entendaient pour la première fois. Le plus drôle, c'était sa façon de raconter. Marie-Soleil savait attirer l'attention lorsqu'elle se mettait à dérouler son répertoire. Ses histoires étaient souvent longues, très colorées et surtout horriblement macho. En terminant elle disait toujours: «Honnn!» en portant la main à la bouche et en feignant de prendre soudainement conscience d'avoir dit quelque chose d'osé.

Puis elle riait aux éclats. Son rire était si communicatif que ceux qui l'entouraient ne pouvait faire autrement que rire avec elle. D'ailleurs, les hommes de son entourage lui faisaient souvent remarquer: «Toi, tu as le droit de raconter des trucs semblables parce que tu es une fille! Venant de nous, ce serait impardonnable...»

Les deux dernières années de sa vie, Marie-Soleil s'était assagie à ce chapitre. Sur le plateau de *La Part des Anges*, Sylvie Payette lui demanda un jour de raconter quelques histoires épicées pour détendre l'atmosphère.

– Non je n'en ai aucune en tête, a répondu doucement Marie-Soleil.

Elle se montrait en effet plus réservée, sans doute consciente que ce qui était charmant quand elle était plus jeune, devenait déplacé quelques années plus tard.

Elle répondait également un peu moins du tac au tac. Sa spontanéité était son péché mignon et elle travaillait à mieux contrôler ce côté un peu impulsif de sa personnalité. Elle s'était même procuré un livre sur l'art de garder le silence.

Marie-Soleil possédait une personnalité contrastée. Du côté opposé de son humour, très communicatif, se trouvait une sensibilité exacerbée qui pouvait la faire pleurer sans retenue. Elle avait beaucoup de compassion pour les gens blessés par la vie; elle était révoltée par les iniquités, par la méchanceté; les critiques la bouleversaient. Elle pouvait s'apitoyer sur le sort des autres, réagissait mal devant certains événements. Si d'aventure la presse à potins se mêlait de sa vie privée, elle devenait furieuse.

Il lui est arrivé de se confier à une personne qu'elle croyait son amie. Quelques jours plus tard, ses confidences se sont retrouvées dans un journal de variétés artistiques. L'amie s'était maladroitement ouverte à un chroniqueur. Marie-Soleil, qui était loyale, avait bien du mal à accepter une trahison. Avec le temps, la naïveté fit place à plus de réserve.

SIMPLE ET SPONTANÉE

Marie-Soleil s'adaptait facilement à n'importe quelle situation. Partir pour une destination aussi exotique que les îles Fidji ou aller à la pêche dans le Grand Nord québécois la rendaient aussi heureuse. Ses décisions se prenaient souvent spontanément : elle pouvait décider à brûle-pourpoint de partir séjourner quelque part sans se poser de questions et sans préparation. Elle aimait aussi les choses simples comme se faire chouchouter dans un centre de santé ou de thalassothérapie. Sa mère lui faisait souvent des massages durant son enfance et elle en avait gardé un souvenir ému.

Sa personnalité contrastée ressortait également dans sa tenue vestimentaire. Un jour, elle pouvait s'habiller de façon très masculine puis, le lendemain, porter une robe à volants et dentelle. Elle aimait surprendre les gens et ne suivait aucun code vestimentaire. Elle pouvait tout aussi bien se rendre au baptême du bébé d'une amie sur sa Harley Davidson et assister à la cérémonie avec pantalon et veste de cuir façon «motard», que passer des heures avec une copine à feuilleter des magazines de mode et commenter chaque photo avec envie.

Marie-Soleil n'aimait pas particulièrement magasiner. Elle fuyait le lèche-vitrines et les essayages. Néanmoins, elle succombait devant la fine lingerie. Pour sa garde-robe, elle se rendait souvent chez ses designers favoris, Jean Airoldi et Hélène Barbeau, et achetait en quantité importante des vêtements pour toutes les occasions. Elle s'était liée d'amitié avec Jean. C'est lui qui l'a habillée, entre autres, pour quelques téléthons d'Opération Enfant Soleil et pour certains galas de la *Griffe d'Or*. À ces occasions, elle portait des tenues sophistiquées. Travail oblige. Autrement, elle optait pour la simplicité.

En janvier 1997, Marie-Soleil fut proclamée par le chantre de la commercialisation esthétique Marcel Pelchat, «la plus belle Québécoise». Ce personnage, qui compte trente ans d'expérience dans le monde de la beauté, avait sélectionné les dix plus belles femmes du monde. Au Québec, c'est à Marie-Soleil qu'il a attribué ce titre prestigieux. «Un visage aux traits purs, aux formes harmonieuses qui traduisent une grande beauté naturelle. Qu'elle soit platine ou brune, qu'elle porte les cheveux courts ou longs, elle a toujours le même charme», avait écrit le visagiste et capilliculteur dans une page du *Journal de Montréal*, signée Jean-Paul Sylvain.

Chapitre X

Un esprit de solidarité

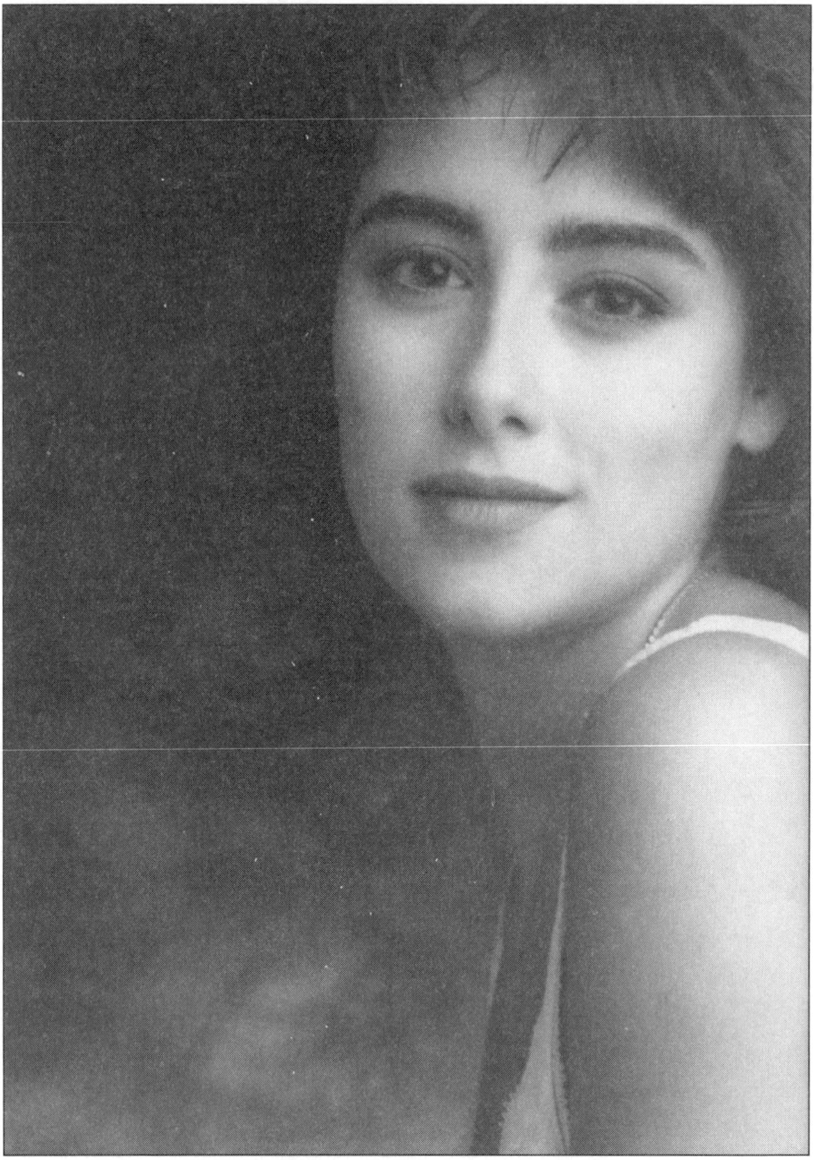

Marie-Soleil avait une facilité déconcertante pour nouer des amitiés. Au fil des ans, son cercle d'amis ne cessait de grandir. Parmi les nombreuses personnes qui ont croisé sa route, plusieurs sont entrées dans le groupe de ses intimes. Dès qu'on commençait à la connaître, on voulait faire partie de ce noyau de proches qui pouvait la côtoyer sans réserve. Certains se disaient honorés d'en être. Sa compagnie était agréable et chacun voulait s'emparer d'un fragment de sa personnalité, d'un morceau de son cœur. Souvent, les gens de son âge la désiraient comme sœur, les personnes plus âgées l'auraient voulue pour fille et les enfants auraient souhaité l'avoir pour mère. On ne pouvait se satisfaire d'un simple passage dans sa vie. On souhaitait vivre une amitié durable avec elle. On souhaitait se l'attacher.

C'est peut-être la clé qui explique une partie de sa réussite. Chaque personne qu'elle rencontrait devenait «quelqu'un». Elle se souciait de chacun comme s'il était un ami proche, même si elle le connaissait à peine. Tous évoquent sa qualité d'écoute extraordinaire, sa grande compassion envers les autres. Même les drames qui affectaient des gens qu'elle ne connaissait pas ne la laissaient jamais indifférente. De rencontre en rencontre, les conversations avec Marie-Soleil devenaient plus intenses, des liens solides se tissaient et débouchaient souvent sur une nouvelle amitié. Le respect des autres et la solidarité sont des valeurs qu'elle a reçues de ses parents dès son enfance. Ses collègues de travail reconnaissent qu'en présence de Marie-Soleil, personne ne pouvait dire de mal d'un absent.

Elle défendait toujours les siens et ne tolérait pas les médisances.

Une telle ouverture sur les autres a sa source dans son enfance. Ses parents lui ont accordé énormément d'attention et ont toujours porté beaucoup d'intérêt à tout ce qu'elle faisait. Sa générosité, sa disponibilité étaient de toute évidence un héritage familial, comme sa sensibilité qu'elle tenait de sa mère, et sa détermination qui était un trait paternel. Elle avait trouvé un équilibre entre ses deux parents et semblait avoir hérité «du meilleur des deux mondes».

Ses deux familles représentaient ce qu'il y avait de plus cher à ses yeux. Son père gérait sa carrière avec soin et sa mère était une précieuse confidente. Elle vouait à ses deux parents une admiration sans bornes et passait rarement plus d'une semaine sans les visiter. Et, avant chaque départ prolongé, elle se faisait un devoir de partager un souper avec ses deux familles.

À l'occasion de son vingtième anniversaire, en 1990, elle fut invitée à l'émission *En Toute amitié*. La comédienne Louisette Dussault a lu un texte dont elle devait deviner l'auteur.

C'est pour toi que je rêve de liberté

À Marie-Soleil

«Je parle de la liberté.
Et je parle de la vie.
Mais je ne parle ni de la liberté rose
du poète ou des femmes.
Ni de la liberté noire du charbonnier
ou des Africains du Sud.
Ni de la liberté blanche de l'Occident
ou de ses religions.
Ni de la liberté rouge
de la Perestroïka
car je ne parle pas des couleurs de la liberté.

UN ESPRIT DE SOLIDARITÉ

Ni ne parle de la liberté du vent.
Il tue aussi.
Ni de la liberté des oiseaux de se nourrir
de nappes de pétrole.
Ni de celle des arbres, des lacs, des poissons
de se droguer à l'acide.
Et je ne parle pas de la liberté
d'un peuple distinct en particulier.
Ni même de celle d'un quelconque pays de général.
Je parle de la liberté quotidienne, ordinaire.
Je parle de la liberté de choisir
qui aimer et qui ignorer.
De la liberté de fixer ses tolérances.
De la liberté de partir et de revenir.
Et de celle de disposer de son cœur
et de son corps, de sa tête et de ses pieds,
de sa tendresse
et de son cul.

Je parle de la liberté d'être
complètement soi.
D'être soi au coton.

Je parle de la liberté qu'on gagne.
De la liberté donnée par la connaissance.
De la liberté reçue de l'expérience
et du travail.
Celle de l'entière possession de soi.
Car je parle de la liberté qualifiée.
La première liberté, c'est de marcher.
La vingtième, c'est de marcher droit.

Et de la liberté inversée.
Adolescente, la liberté, c'est l'amour.
Adulte, l'amour, c'est la liberté.

Il t'a suffi de vingt ans
pour devenir femme et libre.

Il te prendra une vie pour le rester.
Et ce sera cela, finalement, le plus difficile. »

Serges

Lorsqu'on lui apprit que ce message était de son père, elle fut très touchée. Plus tard, elle lui demanda de faire laminer une copie manuscrite du texte.

Amis, cher amis

Les parents de Marie-Soleil ont toujours été accueillants pour ses amis. Quand des camarades venaient chez sa mère ou son père, chacun s'y sentait chez soi, et on les invitait souvent à dormir à la maison.

Pour Marie-Soleil, chaque amitié était précieuse et occupait une place particulière dans son cœur. Elle a d'ailleurs conservé la plupart de ses amis tout au long de sa vie. Malgré des horaires très chargés, elle trouvait toujours du temps pour chacun. Elle resta toujours fidèle à son cercle d'amis d'adolescence, un groupe de quatre garçons et quatre filles, dont Nancy, Anne-Marie et Danyka. Si ses relations avec les filles revêtirent une intensité particulière, elle conserva tout de même des liens privilégiés avec les quatre garçons, dont son premier amour, Nicholas, qui est demeuré son ami, même après leur séparation.

Un autre garçon du groupe compta beaucoup aux yeux de Marie-Soleil: Éric Vachon. Tous deux ont éprouvé l'un pour l'autre des sentiments qui dépassent l'amitié. Toutefois, plusieurs obstacles se sont présentés sur leur route. Éric s'éloigna en province, et chacun de son côté, s'attacha à quelqu'un d'autre. Au fil des ans, leur amitié parvint à survivre. Ils se voyaient à l'occasion et ne pouvaient éviter les nombreux sous-entendus concernant leurs sentiments et leur passé, regrettant peut-être une vie qu'ils auraient fort bien pu partager. Ce fut d'ailleurs Éric qui proposa aux autres membres du cercle d'amis, quelques jours après le décès de Marie-Soleil, que les quatre garçons portent le cercueil aux funérailles de celle qui était passée dans leur vie comme un ange. Sa suggestion fut retenue.

Les amis de Marie-Soleil ne se recrutaient pas seulement parmi ses connaissances d'enfance ou d'adolescence. Des collègues de travail, des techniciens, des réalisateurs, des comédiens, des auteurs, sont également devenus des amis. Ce qu'il y avait d'exceptionnel chez elle, c'est qu'en dehors de son milieu de travail, en dehors des relations professionnelles, de nombreuses personnes qu'elle rencontrait de manière ponctuelle, comme son agent de voyages, Robert Marchand, devenaient autant de nouveaux amis.

Quand elle se trouvait près de son agence, elle arrêtait le saluer et, s'ils avaient du temps, ils allaient déjeuner. Bien d'autres personnes comme lui se sont liées d'amitié avec elle, entre autres, Charlotte, son instructeure de vol, Jean Airoldi, son designer. Elle l'avait rencontré lorsqu'elle animait le gala de la *Griffe d'Or*, un hommage aux designers du Québec. Elle était la personne idéale pour animer ce spectacle car, en plus de son talent de comédienne, elle encourageait aussi souvent que possible les créateurs québécois. Elle avait d'ailleurs insisté, lors des enregistrements du téléroman *Entr'Cadieux*, pour porter exclusivement des vêtements signés Airoldi.

Pour Marie-Soleil, ni l'âge ni le milieu social ne comptaient. Certains de ses amis avaient l'âge de ses parents et elle s'en accommodait fort bien. Lors de la plupart des fêtes qu'elle donnait chez elle, on retrouvait des gens des milieux les plus divers et de tous les groupes d'âge. D'ailleurs, les invitations aux fêtes qu'elle organisait n'étaient jamais réservées qu'aux amis et connaissances. Elle invitait d'abord et avant tout les membres de sa famille. Ce fut le cas lors du méga *party* qu'elle s'offrit pour ses vingt-cinq ans.

* *
*

Elle fit la connaissance de Valérie Gagné et d'Anne Bédard en avril 1987, au moment des auditions de *Chop Suey*.

Quelques semaines plus tard, la mère de Valérie périt dans un accident de voiture. Marie-Soleil connaissait à peine Valérie, puisque la production de la série n'était pas encore commencée. Elle fut tout de même l'une des premières à communiquer avec elle: «Bonjour, Valérie, je suis Marie-Soleil. On ne se connaît pas encore mais je tenais absolument à te parler. Ce qui t'arrive me touche beaucoup.» Lorsque l'on se connaît si peu, ce genre de geste est plutôt rare dans le monde du spectacle où les rivalités sont souvent sourdes.

Le trio des inséparables

Dès ce jour, des liens ont commencé à se tisser entre elles. Mais c'est en janvier que le trio d'amies, Marie-Soleil, Valérie et Anne, commença à prendre une signification. Marie-Soleil, qui aimait les rencontres sociales avec ses collègues, prenait des initiatives. Elle aimait fêter entre amis, si bien qu'un jour de janvier, après une répétition, elle et Valérie retrouvèrent Anne dans sa loge.

– Anne! Que fais-tu demain soir? demanda Marie-Soleil.

La question n'était pas inopportune: c'était le jour de son anniversaire. Anne n'avait pas l'habitude d'être fêtée et ses complices en étaient conscientes. Pour Anne, une jeune femme plutôt solitaire, discrète et réservée, l'invitation était inattendue.

– On veut t'inviter à souper pour ton anniversaire!

Touchée par cette attention, Anne accepta l'invitation et elles se retrouvèrent au resto-bar «Chez Alexandre», après avoir assisté à une pièce de théâtre.

Marie-Soleil, Valérie et Anne formèrent un trio bien spécial: chaque anniversaire de naissance, loin d'être passé sous silence, devint un rituel qui a duré dix ans. Les années passaient et les soupers d'anniversaire ne se ressemblaient pas. Chaque année, on trouvait une nouvelle thématique. Si c'était l'année de la cuisine gastronomique de pays étrangers, on choisissait un pays différent à chaque fête. Ainsi, lorsque Marie-Soleil était rentrée d'Espagne, elle avait amené ses amies savourer une *paella* dans un restaurant espagnol. L'année suivante, ce fut un grand hôtel et son restaurant exotique qui eut l'honneur de leur visite. Puis, les repas aux restaurants cédèrent la place aux soupers-maison. On se rendait parfois chez celle qui célébrait son anniversaire, et les deux autres s'occupaient d'apporter le repas.

On parlait de tout; Marie-Soleil racontait ses voyages. On discutait théâtre, pays, littérature et, évidemment, on parlait des «gars», d'autant plus que les trois demoiselles sortaient «en filles». Marie-Soleil prenait le temps de dire à ses amies qu'elle les aimait. Elle partageait avec elles ses joies et ses peines. Elle aimait également partager ses idées sur les livres et se faisait un plaisir de prêter ceux qui l'avaient marquée. Elle aimait souligner des passages et dessinait des petits soleils à certains endroits significatifs. Valérie avait perdu ses deux parents, et Marie-Soleil lui suggéra un jour de lire *Le Voile noir*, de Anny Duperey, une autobiographie traitant du deuil. Marie-Soleil cherchait toujours le geste juste dans toutes les circonstances. C'est peut-être pour cela qu'on se sentait si unique et si exceptionnel, en sa présence.

Chop Suey a duré sept ans et demi; Anne quitta l'émission après trois ans seulement. En se retirant, elle craignait que ce fameux lien ne se brise mais, pour Marie-Soleil, il n'en était pas question. Chaque année, elle se joignait à ses amies pour chaque anniversaire, et souvent, entre chacune de ces célébrations. Mais le plus difficile était de concilier les emplois du temps. Et si, au moment d'un anniversaire, Marie-Soleil se trouvait à l'étranger, elle téléphonait pour fixer le rendez-vous rituel. La dernière fois qu'elles se rencontrèrent, ce fut chez Marie-Soleil, pour célébrer celui de Valérie.

Leur amitié n'a jamais nui à leurs relations de comédiennes, bien au contraire. Il existait une très belle complicité dans leur jeu, au point que leur travail était un véritable plaisir. Et, lorsque Isabelle Miquelon s'est jointe à l'équipe de *Chop Suey*, elle s'est vite intégrée au groupe.

Après les tournages, Marie-Soleil s'offrait pour organiser les nombreux parties avec les membres de l'équipe de *Chop Suey*. Party de Noël ou de fin de saison, ces célébrations avaient souvent lieu chez elle. Comme elle n'était pas particulièrement douée pour la cuisine, elle confiait à un traiteur la tâche de satisfaire le palais de ses convives.

Les épreuves de *Fort Boyard*

Marie-Soleil aimait les défis, elle aimait aussi en lancer à ses amis. Elle insistait régulièrement auprès de ses copines pour qu'elles participent à une émission de *Fort Boyard*. Après plusieurs demandes pressantes, Anne et Valérie acceptèrent. Marie-Soleil et Valérie taquinaient beaucoup Anne qui était effrayée à la seule idée d'y participer. Le jour du tournage, Marie-Soleil était particulièrement excitée de voir enfin Anne dans «son» fort, situé sur un îlot oublié des côtes françaises. En fait, ce qui l'animait, c'était communiquer à son amie le goût du défi, le plaisir de se surpasser à travers les épreuves. Mais le jour du tournage, une fois les épreuves commencées, Marie-Soleil ne s'amusait plus du tout: Anne était littéralement terrorisée. Après sa deuxième épreuve, elle s'était blessée au dos et avait dû se rendre à l'infirmerie. Anne s'était sentie soulagée, croyant que c'était terminé pour elle. Mais, à son grand désarroi, on la sollicita pour une troisième épreuve. Cette fois, cela dépassait son seuil de tolérance. Elle craqua.

Marie-Soleil se sentait responsable, d'autant plus que c'est en grande partie pour lui faire plaisir qu'Anne avait accepté de participer à ces jeux. Marie-Soleil s'en est voulu de l'avoir poussée si loin et elle n'en finissait plus de s'excuser auprès de son amie. Mais, comme l'explique Guy Mongrain, le rôle du réalisateur était de faire en sorte que l'émission soit la plus spectaculaire possible; tout refus était exclu et les états d'âme des animateurs par rapport aux réactions des concurrents ne devaient pas être pris en compte.»

Le rôle de Marie-Soleil était distinct de celui de Guy Mongrain. Elle devait aider les participants à gagner, tandis que Guy devait protéger le fort. Une de ses hantises était qu'une équipe ne puisse mettre la main sur le «trésor» en ne trouvant pas le bon mot code. Heureusement, cela ne se produisit que très rarement.

Marie-Soleil ne tolérait pas les injustices. Elle rappelait parfois aux autres membres de l'équipe de production de mieux équilibrer les épreuves entre les participants. «Ce n'est pas juste si on procède de cette façon! Lui, il n'aura eu qu'une seule épreuve tandis que l'autre en aura eu trois», faisait-elle remarquer. Si les choses ne se déroulaient pas comme prévu du fait de circonstances incontournables ou en raison d'une température peu clémente, elle s'emportait facilement, craignant de commettre une injustice envers un concurrent.

Si elle se rendait compte au cours des préparatifs avant le tournage, qu'un indice n'était pas approprié, elle voulait le faire modifier. Il faut savoir que les indices sont préparés par l'équipe de production française. Il était donc toujours possible que certaines expressions soient inconnues au Québec. Ainsi, on donna un jour le mot «violon» comme indice pour trouver le mot code «prison». Au Québec, ces deux mots n'ont aucun lien, alors qu'en France, «une nuit au violon» est une nuit en prison. «Ils ne pourront jamais trouver le lien, ça ne se dit pas ça, au Québec!» s'écriait Marie-Soleil exaspérée. Mais les responsables français se montrèrent intraitables. «Les règles sont les règles, répondirent-ils. Il n'y a aucune exception possible.»

La première fois qu'elle se rendit à *Fort Boyard* c'était comme participante, avec l'équipe de *Chambres en ville*. Elle voulait à tout prix que sa gang réussisse. C'est la fameuse épreuve où elle devait trouver la clef dissimulée à l'intérieur d'une des urnes qui fut la plus pénible. Marie-Soleil avait une crainte incontrôlable de glisser sa main à l'intérieur, où se trouvaient souris, couleuvres et autres matières plus ou moins identifiables. Stimulée par la rage de vaincre, elle tenta malgré tout de continuer, mais en vain. S'en voulant de ne pouvoir dominer cette peur, elle libéra sa colère en frappant sur le mur de la cellule. Cette épreuve est toujours demeurée symbolique pour elle. On raconte qu'aujourd'hui encore, l'empreinte de sa main se trouve dans une cellule de ce fort battu par les flots.

Les tournages de *Fort Boyard* virent se développer de solides amitiés. Souvent, à la fin de ces journées de travail, Marie-Soleil se payait du bon temps en goûtant, avec Guy Mongrain, aux plaisirs de la table, au bord de la mer. Elle s'était également liée d'amitié avec Marie Plourde, qui fut aussi de l'équipe. Devenues amies, elles en profitaient pour se raconter les dernières péripéties de leur vie amoureuse.

«Marie-Soleil était extrêmement intègre en amitié comme en amour. C'était même sa plus grande qualité», n'hésite pas à affirmer Marie Plourde.

* *
*

La céleste «recycleuse»

Une autre grande amitié marqua la vie de Marie-Soleil: celle de son amie Mariouche. Elle l'avait connue durant son enfance, et cette amitié résista au passage des ans. À cette époque-là, elles se considéraient comme deux sœurs et, en grandissant, sont toujours demeurées très proches l'une de l'autre. À la fin de ses études en design de mode, Mariouche projetait de lancer sa propre entreprise d'accessoires de fourrure recyclée. Lors du vingt-quatrième anniversaire de Marie-Soleil, Mariouche lui offrit l'un des premiers accessoires qu'elle avait fabriqués, un sac à main en fourrure. Toutes les filles qui se trouvaient réunies chez Marie-Soleil pour célébrer l'événement, eurent le coup de foudre pour l'original réticule. «Eh! les filles, c'est ce que je veux pour mon anniversaire!», avait lancé l'une d'elles.

On avait pris l'habitude d'offrir un cadeau de groupe à l'anniversaire de chacune. Souvent, Marie-Soleil se proposait pour choisir le cadeau en question. Et si elle dépensait davantage que le montant prévu, elle se gardait bien d'en souffler mot.

Au moment d'offrir le cadeau, on se rendait bien compte que le présent avait été payé bien plus cher que ce qu'elle avait avoué. Cette fois-ci ne fit pas exception à la règle. Marie-Soleil avait commandé à Mariouche le magnifique sac à main en fourrure pour l'anniversaire de son amie. Elle devint par la même occasion première cliente de Mariouche.

Peu de temps après, Marie-Soleil passa une deuxième commande: un manteau de fourrure et Mariouche vendit son premier manteau. Marie-Soleil aimait encourager ses amies. Quand l'occasion s'y prêtait, elle portait des accessoires signés Mariouche lors d'émissions de télévision. Ou elle achetait des accessoires en fourrure lorsqu'elle avait un cadeau à offrir à des amies du milieu artistique.

Un jour, Marie-Soleil fut invitée à l'émission *Les Ailes de la Mode*. Cette fois, elle insista pour qu'une partie du tournage ait lieu directement dans l'atelier de Mariouche. Mission accomplie: dès le lendemain, le magasin Les Ailes lui passait une commande. Mariouche devenait maintenant la promotrice d'une idée nouvelle, concoctée quelque part dans le ciel de la mode – une «céleste recycleuse» en somme.

Chapitre XI

Ses racines culturelles

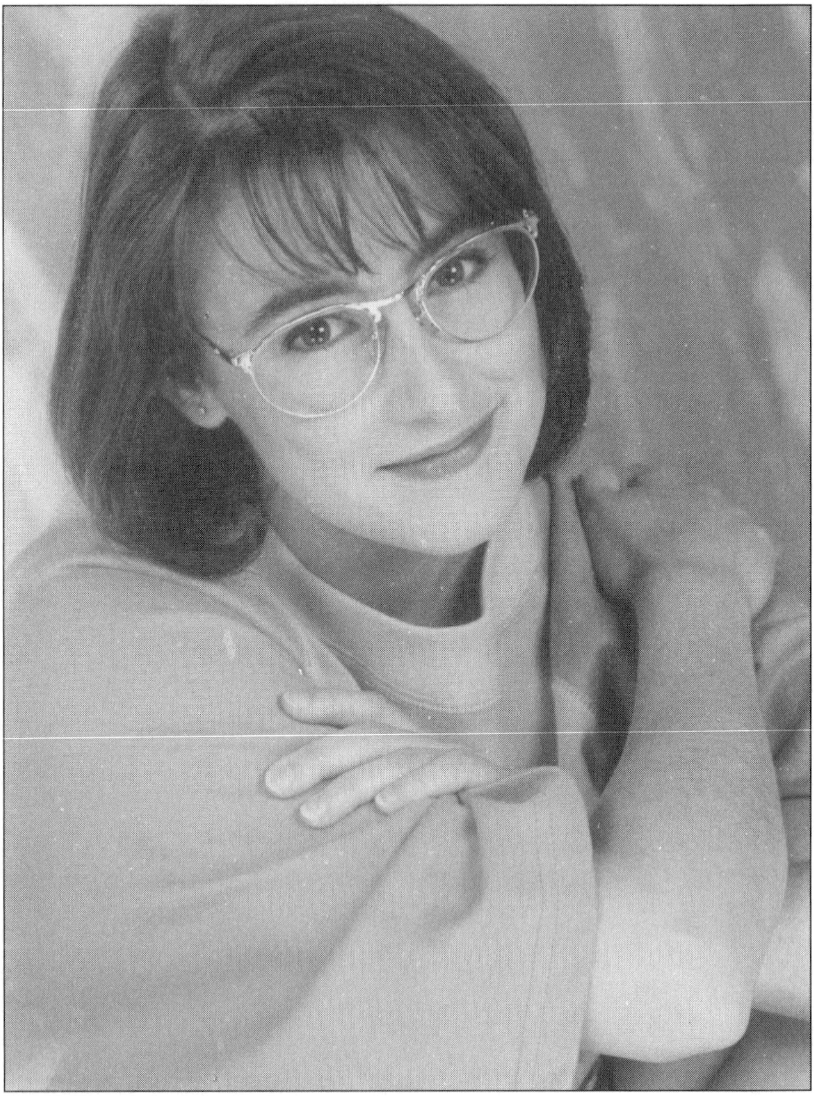

*M*arie-Soleil était très attachée à ses racines, sa famille, son coin de pays et la langue française. Elle avait songé à étudier l'art dramatique à l'étranger, soit à New York, soit en Europe. Elle éprouvait maintes réticences à quitter les siens et à s'éloigner trop longtemps du Québec. Quitter ses racines était inconcevable.

Son attachement au Québec était indiscutable. Elle n'a d'ailleurs jamais dissimulé ses idéaux politiques. Comme beaucoup d'artistes, Marie-Soleil soutenait la souveraineté du Québec. Elle fut d'ailleurs porte-parole des Fêtes nationales en 1992. Elle attachait également une grande importance au respect de la langue française, et, en 1997, elle s'était engagée dans la promotion de la Semaine du français à titre de porte-parole avec Jim Corcoran. Toute jeune, quand elle s'exprimait, son père autant que sa mère exigeaient qu'elle utilise le mot juste. Bien qu'à l'école elle excellât dans toutes les disciplines, sa matière favorite était de loin le français. Au cours de ses études primaires, une ou deux fautes d'orthographe dans une dictée ne passaient pas inaperçues.

Au cours de son adolescence, elle a cherché à transmettre son amour de la langue française à ses amis qui s'habituaient de bonne grâce à se faire reprendre. C'était devenu une sorte de marque de commerce pour Marie-Soleil, qui faisait figure de «correctrice 101»! Ses «élèves» trouvaient cela plutôt amusant sans prendre ombrage de ses remarques.

Elle fit de même avec ses collègues de travail. Il lui arrivait même, avec l'accord de l'auteur, de changer des termes dans ses répliques ou simplement d'ajouter un mot ou deux pour préciser une phrase. Aujourd'hui, plusieurs comédiens admettent que Marie-Soleil les a influencés dans ce domaine. Elle avait sa façon de parler convenablement sans que cela sonne faux ou prétentieux. Bref, de s'exprimer naturellement. Christian Fournier lui-même, à l'époque de *Chop Suey*, se surveillait davantage lorsqu'il rédigeait ses répliques. Il savait pertinemment que Marie-Soleil ne laisserait rien passer.

Le français la suivait également dans ses loisirs. Elle aimait jouer au «bugle» et au *scrabble* avec sa mère. Elle affectionnait particulièrement la chanson francophone, surtout des auteurs-compositeurs-interprètes comme Jacques Brel ou Léo Ferré. La lecture fut toujours son passe-temps favori. Elle adorait les littératures québécoise et française, et ce n'est pas un hasard si, à l'université, elle s'était orientée vers les lettres. Toute petite, Marie-Soleil avait été initiée par sa mère aux plaisirs de lire. Micheline lui lisait, entre autres, «Titou», Babar et des contes de fées.

Son premier coup de foudre littéraire se produisit à quinze ans pour un roman québécois: *Le Matou* d'Yves Beauchemin. Elle avait vu le film et était tombée secrètement amoureuse de l'acteur, Serge Dupire. C'est par la suite qu'elle découvrit le livre à la bibliothèque. Ce fut une révélation. Elle l'avait lu d'un trait. Elle en avait d'ailleurs parlé lors d'une entrevue à TQS en ces termes: «Après avoir lu *Le Matou*, je me suis dit qu'il était possible qu'il existe, quelque part sur terre, d'autres livres qui me fassent cet effet-là.»

Des livres et des chansons

Marie-Soleil aimait les livres sur la vie, ceux qui suscitent une réflexion.

Un des ouvrages qui l'avait séduite était: *La Division du monde*. Il s'agit d'un recueil de commentaires portant sur un sujet précis contenu dans une simple question que l'auteure, Sabine Euverte, jouant sur les brisées du célèbre questionnaire de Marcel Proust, a posé à plusieurs personnalités: «Selon vous, entre quoi et quoi, entre qui et qui, le monde se divise-t-il?» Gros dilemme, en effet, et vaste programme! En parcourant ce livre, on découvre la vision de chacun à cet égard.

C'est celle du cinéaste Milos Forman qui avait le plus bouleversé Marie-Soleil. Voici ce qu'il a dit:

> «*Soit vous décidez de vivre dans la jungle, soit vous décidez de vivre dans un zoo. Si vous cherchez la sécurité, le confort, la protection, si vous ne voulez pas travailler trop dur, si vous avez peur d'être attaqué par un tigre ou mordu par un serpent, vous feriez mieux de rester au zoo. Mais vous passerez toute votre vie derrière les barreaux. Ne vous inquiétez pas: il ne vous arrivera rien et vous pourrez mourir en toute tranquillité. Si vous décidez de vivre dans la jungle, alors il vous sera donné de voir la beauté à l'état pur. Vous jouirez de sa liberté, mais vous serez constamment en danger.*»

La vision de Forman est sans nuances et chargée de provocation. Marie-Soleil y trouvait sans doute un reflet de sa propre manière de provoquer la vie, une manière de vivre sa liberté à l'état brut, d'aller au-delà de ses limites... N'était-ce pas l'ultime définition de la vie qu'elle recherchait?

Il y avait encore ce mot de l'illusionniste David Copperfield:

> «*Le monde se divise entre ceux qui se contentent de ce qu'on leur donne et ceux qui se battent pour leurs rêves.*»

Ou cette remarque de Muriel Lejeune:

> «*Le monde se divise entre ceux qui font le monde et ceux qui regardent le monde se faire.*»

Plusieurs autres passages du livre l'ont fait réfléchir, telle cette citation plus poétique, de Léo Ferré:

> «*Le monde se divise entre ceux qui aiment et les autres.*»

Marie-Soleil aimait également les romans. Celui d'Alexandre Jardin, *Fanfan*, l'avait émue, ainsi que ceux d'Arlette Cousture à une époque de sa vie. *Les Filles de Caleb, Le chant du coq* fut l'un de ses livres préférés. Elle s'identifiait au personnage d'Émilie et elle aurait aimé l'incarner dans la télésérie.

Marie-Soleil aimait aussi la poésie. Tous les types de poésie. Celle de Léo Ferré, parfois très dure, et d'autres, tout en sensibilité. Elle fut très impressionnée par le livre de Rainer-Maria Rilke: *Lettres à un jeune poète*, porteuses de la promesse d'un salut existentiel et remplies de nostalgie.

> «*Il sera cet amour que nous préparons en luttant durement,*
> *deux solitudes se protégeant,*
> *se complétant, se limitant*
> *et s'inclinant l'une devant l'autre.*»

Marie-Soleil aimait aussi la musique. Jeune, elle avait appris le piano, puis la clarinette. Son amie Valérie Gagné nous raconte que sa mère lui fredonnait continuellement des chansons lorsqu'elle était enfant et que, malgré son jeune âge, elle connaissait les paroles des refrains et des couplets d'un répertoire impressionnant.

Marie-Soleil avait un penchant marqué pour les manifestations culturelles québécoises et françaises. Elle préférait les films québécois et européens aux productions américaines. Elle avait assisté, entre autres, avec son amie Valérie, à la présentation du film *Léolo*, de Jean-Claude Lauzon, qu'elle ne fréquentait pas encore à cette époque. Elle appréciait le théâtre et les spectacles de variétés résolument québécois. En fait, la seule entorse à cette culture, qu'elle aimait très enracinée et non aliénée, était son faible pour les comédies musicales américaines, qu'elle allait voir aussi souvent que possible dans Broadway.

La défense des artistes

Marie-Soleil aimait s'engager dans de nombreux projets et avait accepté de joindre le conseil d'administration de l'Union des Artistes (UDA). Lors de l'élection de 1994, elle fut élue pour un mandat de trois ans. Le président de l'organisme, Serge Turgeon, et Gilles-Philippe Delorme, le trésorier, voulaient recruter de nouveaux membres, pour préparer la relève dans le cadre d'une thématique militante qui s'énonçait en ces termes: «La fierté de ce que nous sommes.» Pour les membres du conseil, Marie-Soleil n'était pas une inconnue: quelques années plus tôt, en 1986, elle s'était déjà impliquée dans les démarches qui ont conduit à l'obtention d'un statut de l'artiste.

À cette époque, Marie-Soleil avait seize ans. Elle s'était rendue à l'Assemblée Nationale, avec un groupe d'artistes, donner une représentation en costumes d'époque devant les élus. Dans le groupe, on comptait notamment Jean Lapointe, qui avait présenté un discours politicard à la manière de Duplessis, et Albert Millaire qui avait incarné un inoubliable sir Wilfrid Laurier. Marie-Soleil était la plus jeune de l'équipe. Jean-Claude Germain, qui était également de la partie, se déclara particulièrement impressionné par sa participation au débat et charmé par son esprit vif, sa culture et ses multiples intérêts. Marie-Soleil avait compris que la reconnaissance d'un droit de l'artiste passait par une reconnaissance juridique.

Le conseil d'administration de l'UDA se réunissait six fois l'an pendant deux jours. Marie-Soleil savait aller droit au fait et poser les bonnes questions. Comme elle était perspicace et n'avait pas la langue dans sa poche, elle pouvait facilement embarrasser celui qui se perdait en discours inutiles ou ennuyeux. Elle avait ses convictions, allait au bout de ses idées, bousculait les gêneurs, mais savait se montrer ouverte.

Malheureusement, elle trouvait que certains membres du conseil tournaient autour des problèmes. Elle s'impatientait fréquemment, car les choses n'avançaient pas aussi vite qu'elle l'eût souhaité. Il fallait que le train avance. «Bon. Ça, on l'a dit. Ça, on l'a fait. Maintenant, on fait quoi?» demandait Marie-Soleil, contrariée. Là encore, elle bousculait. Elle quitta l'organisme avant la fin de son mandat pour se consacrer entièrement à sa carrière et à Opération Enfant Soleil.

Chapitre XII

Voyager encore

Voyage de pêche dans le Grand Nord.

*T*rès attachée au Québec, Marie-Soleil adorait néanmoins voyager et changer d'environnement. Curieuse, tout l'intéressait. Déjà dans son enfance, elle avait fait de nombreux voyages qui l'avaient amenée, avec son frère Sébastien, en Californie, dans les Caraïbes et en Europe. Sébastien se souvient que son père, qui aimait beaucoup voyager sur le Vieux continent, cherchait à partager avec ses enfants les plaisirs de la découverte des cultures européennes. Même s'ils ne partaient généralement que pour trois semaines, ils ont parcouru plusieurs pays et les enfants, quoique jeunes, suivaient sans se plaindre, découvrant sans cesse des choses nouvelles.

La chance était au rendez-vous

Encore adolescente, Marie-Soleil fut marquée par un voyage organisé par son école secondaire. Celui-ci l'emmena avec ses camarades de classe à Saint-Malo, patrie de Jacques-Cartier. À l'étape parisienne, un malentendu s'étant produit – il manquait une chambre pour le groupe de quatre filles dont Marie-Soleil faisait partie –, on résolut le problème en offrant aux quatre adolescentes une chambre plus prestigieuse de l'hôtel. La chance leur avait souri et les filles s'en donnèrent à cœur joie en jouant la grande vie. «En souvenir de ce moment glorieux, elle rapporta avec elle la serviette gravée or au logo de l'hôtel», raconte Sébastien. Mais la chance tourna.

À Saint-Malo, trois jeunes du groupe étaient sortis prendre l'air. La journée était venteuse et la mer déchaînée. Marie-Soleil et ses deux camarades se tenaient debout près des remparts, admirant à leurs pieds les vagues qui venaient s'écraser sur les rochers et prenant plaisir à recevoir les ondées de mer qui giclaient. Soudain, une vague plus forte balaya les remparts, emportant les trois jeunes avec elle. La mer était glacée et le courant irrésistible. Le premier fut rapidement secouru par deux touristes. Toutefois, les deux autres, dont Marie-Soleil, furent emportées beaucoup plus loin par le ressac de la vague suivante.

Rapidement, un attroupement se forma en bordure de mer. Des curieux se mêlèrent aux autres jeunes du groupe et regardaient la scène, terrifiés. Entre deux vagues, Marie-Soleil reprit pied et aperçut son amie, inconsciente, emportée par une troisième vague. Mue par une force qui décuple souvent le courage devant le danger, elle réussit à saisir Nadine et à la renverser vers les remparts. Marie-Soleil resta plusieurs heures en état de choc.

* *
*

Plus tard, lorsque Marie-Soleil avait les moyens de voyager seule, elle partait en voyage chaque fois que son travail le lui permettait. Elle voulait découvrir le monde. Elle ne privilégiait aucun pays ni aucun type de voyage: toutes les destinations étaient bonnes s'il y avait de nouvelles découvertes à y faire.

À dix-sept ans, elle partit en voyage de ski dans l'Ouest canadien, à Whistler, renommée station de la Colombie-Britannique que fit connaître la championne olympique canadienne Nancy Greene dans les années soixante-dix. Ce voyage fut suivi de près par un autre dans les Alpes. Il lui arrivait ainsi souvent de partir seule, par choix, ou parce que, souvent, ses amies n'avaient pas le temps de la suivre. Une de ses amies d'enfance, Mariouche (la «recycleuse» géniale dont nous avons parlé), étudiait alors en design de mode en Europe et, Marie-Soleil exceptée, ses amies du Québec n'avaient pas les moyens de lui rendre visite.

En 1997, Marcel Pelchat proclame Marie-Soleil «la plus belle Québécoise», un titre qu'elle n'avait certainement pas usurpé.

Photo TVA

Photo TVA

*Marie-Soleil
et Francis Reddy :
complices, amis
et partenaires
dans Opération
Enfant Soleil.*

De 1994 à 1997, elle anima à l'antenne de TVA le gala de la Griffe d'Or, un hommage aux designers québécois.

Photo André Panneton

Jean Airoldi, un designer qu'elle encourageait très souvent. Une grande partie de sa garde-robe était signée de sa griffe.

À l'émission Dimanche Show Soir, *présentée en 1996 sur les ondes de TVA.*

Marie Soleil et Grégory Charles se sont retrouvés à quelques reprises en nomination pour le prix Gémeaux dans la catégorie «Meilleure animation — émission ou série Jeunesse» pour l'émission Les Débrouillards. On les voit ici lors de la huitième édition des Gémeaux 1993. Ils sont accompagnés par Charles Ohayon, directeur général des programmes à Radio-Canada, et Fanny Lauzier.

Lors du Bye Bye de 1994 à Radio-Canada. Dans l'ordre habituel: Patrick Normand, Marie-Soleil Tougas, Sonia Benezra et Marie-Lise Pilote.

En 1993, elle participa à l'émission **Fort Boyard** *avec ses collègues de* **Chambres en ville.** *De gauche à droite : Gilbert Lachance, Isabelle Cyr, Marie-Soleil, Patricia Paquin et Guillaume Lemay-Thivierge.*

Guy Mongrain et Marie-Soleil : animateurs de l'émission **Fort Boyard** *de 1994 à 1997. L'un défendait le Fort, l'autre les participants.*

Elle se rendait chaque année à la Rochelle, en France, et y travaillait pendant deux semaines pour les besoins du tournage des émissions de **Fort Boyard.**

Un cliché pris sur le vif à Fort Boyard, en juillet 1997.

Un sourire qui veut tout dire.

Photo TVA

Elle jouait aussi le rôle de Line, dans Entr'Cadieux, téléroman de Guy Fournier, à TVA, en 1996.

Photo TVA

Photo TVA

Marie-Soleil dans un tout autre rôle : celui d'Armande dans **Jasmine**, *la télésérie de Jean-Claude Lord (1996).*

Collection personnelle

Le 22 juillet 1996, à sa descente d'avion après avoir réussi son test de vol.

Mariouche résidait à Milan pour un stage de deux ans et Marie-Soleil, qui avait alors vingt-trois ans, décida d'aller la retrouver. Au programme figurait un séjour de ski dans les Alpes italiennes. Comme lors de chaque voyage, Marie-Soleil s'émerveillait devant tout. Un rien la faisait rire. Elle s'amusait à filmer ce qu'elle voyait, y compris les beaux garçons. Elle était toujours étonnée de réaliser à quel point elle plaisait aux hommes, d'autant plus que les Italiens ont un côté séducteur très charmant.

Jeune, elle confia un jour qu'elle trouvait difficile qu'on ne lui fasse jamais la cour, qu'on ne la «flirte» pas. Au Québec, la plupart des hommes la plaçaient sur un piédestal en raison de son métier et de sa notoriété. Ils la considéraient comme un personnage inaccessible qui les intimidait. Ils préféraient l'admirer secrètement ou jouer aux indifférents plutôt que de risquer un refus.

C'est peut-être l'une des raisons pour lesquelles elle aimait tant voyager, car les Européens n'avaient pas ces complexes. Marie-Soleil qui? À l'étranger, où personne ne la connaissait, les hommes agissaient avec elle comme avec n'importe quelle femme, jouant le jeu du charme et de la séduction.

– Ça fait du bien de se sentir attirante, avait-elle confié un jour à son amie.

Au cours de ce voyage en Italie, Marie-Soleil et Mariouche, accompagnées d'une cohorte d'amis italiens et d'autres nationalités, avaient quitté Milan et pris la route des Alpes. Tout au long du trajet, Marie-Soleil racontait en québécois ses histoires salées favorites, que Mariouche traduisait en italien. Elle raconte même que, des mois après son départ, les volubiles Italiens n'en étaient pas revenus et lui parlaient encore de «la belle Québécoise».

Mais si Marie-Soleil prenait plaisir à ce jeu de séduction, et si elle appréciait l'attention qu'on lui portait, elle savait éviter les situations équivoques.

Après le ski, elle avait laissé ses amis pour découvrir l'Italie en train, avec ses bouquins pour seule compagnie. En voyage, Marie-Soleil aimait mordre dans la vie et savourer les spécialités locales; elle craquait pour le chocolat et ne pouvait résister à la glace italienne.

À la découverte de Paris

Quelques années auparavant, à vingt ans, elle avait rendu visite une première fois à Mariouche qui se trouvait alors en stage pour quelques mois à Paris. Encore là, elle voulait tout voir: les musées, les boutiques, les bouquinistes auxquels elle achetait quantité de livres, surtout des romans. Elle visita des endroits classiques, mais néanmoins insolites, comme les égouts de Paris. Comme à Montréal, devant les mendiants et les itinérants, son côté «Mère Teresa» prenait le dessus.

– Tu n'es pas pour pleurer chaque fois que tu croises un clochard... lui disait Mariouche.

Elle ne pouvait s'habituer à la misère, surtout dans des pays réputés riches, en Europe comme en Amérique du Nord.

Un des copains de Mariouche, un marginal, arriva un jour à l'appartement des deux jeunes femmes avec un immense bouquet de fleurs et une boîte de chocolats. Mais, fauché comme les blés, il avait volé ces cadeaux. Lorsqu'elle l'apprit, Marie-Soleil fut scandalisée et voulait rapporter la marchandise chez les boutiquiers. Mais, ne pouvant résister aux chocolats, elle devint en quelque sorte complice en y croquant.

L'anonymat que Marie-Soleil recherchait en voyage pouvait aussi entraîner des déceptions. Un jour, elle voulut faire une réservation au renommé – et surestimé – bar-restaurant parisien «La Coupole». Elle désirait y inviter son amie Mariouche en remerciement de son hospitalité. Alors qu'elle se trouvait à proximité, elle décida de procéder aux réservations. D'un air hautain, le préposé à l'accueil refusa net sa demande. Habitué à une clientèle plus âgée, le bonhomme n'avait pas beaucoup de considération pour la jeune personne en jeans qu'il avait devant lui et qui semblait tout juste avoir quinze ans. Elle eut beau insister, il refusa.

C'est une Marie-Soleil rageuse qui revint à l'appartement. Mais comme elle savait aller au bout de ses idées, elle déjoua le cerbère. Elle a appelé «La Coupole», procédé aux réservations par téléphone, laissé un dépôt par carte de crédit et s'y est présentée après avoir pris soin, même si elle n'en avait pas envie, de se parer de ses plus beaux vêtements.

* *
*

Son agent de voyages, Robert Marchand, se souvient qu'il n'y avait rien d'exagéré ou d'extravagant chez elle. Elle préférait les endroits simples, loin des «m'as-tu-vu» et des frimeurs. Elle n'optait jamais pour les grands hôtels et préférait les endroits discrets, les auberges chaleureuses à atmosphère familiale. Si elle avait le choix d'aller chez une amie ou dans une famille d'amis, pour elle c'était Byzance. Le *glamour* n'était vraiment pas son style.

Elle en profitait pour se reposer, lire et écrire. À chaque voyage, elle tenait un journal de bord. Ce qu'elle aimait pardessus tout, c'était découvrir des paysages, des civilisations, des cultures différentes. Malgré sa notoriété, son succès, sa réussite artistique et financière, elle était simple et aimait communiquer avec les gens qu'elle rencontrait. Elle appréciait se promener tranquillement dans des lieux où on ne la reconnaissait pas, s'asseoir dans un restaurant ou un petit bistro et parler d'égal à égal, sans se faire montrer du doigt.

Sous le soleil des Hellènes

Elle aimait les langues étrangères, parlait l'anglais et suffisamment l'espagnol pour se faire comprendre et entretenir une conversation. Lors de son voyage en Grèce, elle regrettait de ne pas savoir s'exprimer dans la langue du pays – une très belle langue, mais difficile à apprendre. Ce voyage, qui coïncidait avec la fin de sa liaison avec Alain Choquette, fut très significatif. Peu avant son départ, elle rencontra Isabelle Miquelon pour lui confier un secret:

– Voyons donc... Es-tu enceinte? Laisses-tu tomber *Chop Suey*? Ah! J'y suis, tu te maries!

– Mais non! Je pars en voyage en Grèce...

– Oui, mais encore? Pars-tu sans espoir de retour?

Devant l'air interrogateur d'Isabelle, qui ne pouvait comprendre ce qu'il y avait de si important, Marie-Soleil s'expliqua enfin:

– Je voudrais que tu me donnes le nom de la personne qui a fait la perruque de ta dernière pièce de théâtre.

Marie-Soleil avait déjà en tête de se faire raser le crâne durant son séjour d'un mois au pays des Hellènes. Avant son départ, elle avait consulté la maître-perruquière Rachel Tremblay. Elle voulait ce qu'il y a de mieux, de véritables cheveux. Sur place, on procéda à l'analyse des siens, on examina leur implantation, on nota la direction des rosettes, etc. On lui préleva même une mèche pour mieux apparenter la couleur et la texture à ses cheveux naturels. Si elle était prête à débourser un montant élevé pour sa perruque, ce n'était pas par orgueil: cet accessoire allait lui être nécessaire pour son travail. Comme sa décision n'était pas définitive, elle précisa:

– Je vous appellerai de Grèce pour confirmer si oui ou non j'ai mis mon projet à exécution. Vous pourrez alors aller de l'avant.

À cette époque, il y avait les tournages des émissions *Chambres en Ville* et *Les Débrouillards*. Elle était consciente qu'elle ne pouvait pas simplement se raser la tête sans mesurer les conséquences. C'est pour cette raison qu'elle avait pris soin, avant son départ, de tout mettre en œuvre pour être prête pour ses prochaines prestations.

Ce n'était donc pas un coup de tête – si l'on peut dire – mais une décision réfléchie, planifiée. Elle en avait assez de passer pour une jeune femme sage, rangée. Elle voulait changer de *look*.

Le jour où elle se rendit à l'agence de voyages, son idée était faite.

– Je veux partir pour la Grèce, avait-elle lancé.

Il faut dire que chaque fois qu'elle allait consulter son agent de voyages, c'était beaucoup plus pour procéder à des réservations que pour chercher des suggestions. Néanmoins, elle prenait toujours soin de lui demander conseil pour les problèmes d'intendance qui se posaient une fois rendue à destination, car elle aimait tout planifier. Mais, cette fois-ci, ce qu'elle recherchait avant tout, c'était le dépaysement.

* * *
*

Non, Madame. Pas question!

Elle débarqua d'abord à Athènes et y passa deux jours, point de départ d'un séjour d'un mois. Comme beaucoup de touristes, elle n'a pas aimé cette métropole, pourtant évocatrice de tant de gloire et de culture, à cause de sa pollution et de l'arrogance de ses habitants envers les étrangers. Elle tenait toutefois à visiter les vestiges de l'Acropole et les musées qui, on le sait, sont des *must* à voir au moins une fois dans une vie. De là, elle fit le trajet d'une heure et demie sur le bateau qui relie le Pirée à l'île d'Égine, dans l'ancien golfe Saronique. Après seulement quelques jours dans ce lieu prestigieux qui, dans l'Antiquité, rivalisa avec Athènes, elle était déjà en quête d'autre chose. Tout cela était fort pittoresque, mais il lui fallait se retrouver dans un endroit moins touristique.

C'est une Québécoise, Diane Lefebvre, vivant à Égine, qui lui a déniché une petit auberge sur Hydra, une autre île située plus au sud. Là-bas, il n'y a aucune voiture; les deux seuls moyens de transport sont le mulet et la bicyclette. L'île d'Hydra est connue pour être prisée des artistes et des célébrités. Mis à part quelques petits hôtels, on n'y parle pas l'anglais. Par une belle journée chaude du mois d'août, à bord du bateau qui l'amenait jusque-là, elle aperçut se profiler sous ses yeux le fabuleux panorama de l'île. Au port, un vieil homme, une connaissance de Diane, l'attendait pour l'accueillir.

Ce n'est que lorsque le villageois prit ses bagages pour les installer sur une mule qu'elle fut soulagée: elle avait trouvé ce qu'elle cherchait.

Elle fut séduite par les maisonnettes blanches, les petits sentiers de campagne, les rues étroites animées par des villageois chaleureux et authentiques. Hydra serait l'endroit parfait pour mettre son projet à exécution.

Elle y demeurera deux semaines avant de partir à la conquête d'autres îles qui avaient séduit des voyageurs depuis des temps immémoriaux.

Marie-Soleil marchait d'un pas décidé, se dirigeant vers le traditionnel salon de coiffure pour hommes. Sachant bien qu'il y avait peu de chances que le coiffeur puisse la comprendre, elle lui indiqua par gestes qu'elle voulait se faire raser la tête. Le pauvre vieux, qui ne comprenait déjà pas ce qu'une femme faisait dans un salon réservé aux hommes de l'île, fut encore plus dérouté de voir une jolie fille, pourvue d'une chevelure aussi belle, désirer se faire raser la tête. En Grèce, les hommes sont plutôt conservateurs. Dans ce contexte culturel patriarcal, très méditerranéen, ce genre de coupe radicale ne se pratiquait jamais.

– Non, Madame, il n'en est pas question! lui fit-il comprendre.

Marie-Soleil s'assit tout de même sur la chaise du coiffeur en adressant au vieil homme son plus beau sourire.

– Mais si, je veux que vous me rasiez la tête, insista-t-elle en pointant du doigt un vieux rasoir pour s'assurer qu'il comprenait bien.

L'homme refusa derechef.

– Tout raser? Non, jamais! dit-il en regardant la belle étrangère en face de lui.

Il fallut beaucoup de palabres et la complicité de certains passants, pour qu'il accepte. Elle sortit de là, sans un millimètre de cheveux sur la tête.

Avant la fin de son séjour en Grèce, elle prit deux précautions: elle téléphona à la perruquière pour passer sa commande, puis elle parla à Line, sa belle-mère, pour qu'elle prépare le terrain auprès de son conjoint qui devait venir la chercher à l'aéroport. Ainsi, quand son père l'aperçut, il n'eut pas le choc de la surprise et ils se rendirent chez la perruquière.

* *
*

Le plus beau voyage de Marie-Soleil s'est passé en Australie quelques années plus tôt, alors qu'elle avait vingt et un ans. Comme elle partait seule pour les antipodes, sa mère ne cachait pas son inquiétude: c'est bien loin, l'Australie. Mais il y avait tout de même un contact à Sidney, une connaissance lointaine qui en connaissait une autre, encore plus vague. C'était bien peu, mais c'était tout de même un point de chute. Elle partit deux mois et en profita pour visiter la Nouvelle-Zélande et les îles Fidji. C'est l'aventure qui l'attirait là. Elle avait préparé des excursions de *trekking*, de plongée et de *rafting*. Dans les nombreuses cartes postales qu'elle fit parvenir à ses proches on put constater à quel point ce voyage se révélait extraordinaire et ponctué d'expériences passionnantes. À son retour, comme elle avait l'habitude de le faire, Marie-Soleil parlait de gens exceptionnels qu'elle avait croisés sur sa route. Elle a d'ailleurs entretenu une correspondance soutenue et développé des amitiés durables de ces rencontres de l'autre côté de la planète.

Marie-Soleil aimait voyager avec sa mère. Elle en avait pris l'habitude au cours de son enfance, alors que Micheline les emmenait, elle et Sébastien, faire des voyages qui comportaient bien des plaisirs et d'agréables imprévus.

Escapades

Avec son ami Alain Choquette, elle fit aussi de nombreux voyages sans prétention. Outre quelques périples un peu plus *yuppies*, notamment à Paris, dans les Caraïbes, aux îles Turks et Caïcos. Ils aimaient s'évader dans de petits hôtels tranquilles. L'un des beaux voyages qu'ils firent ensemble fut sûrement celui qui les mena à Orlando, en Floride. Serges et Line les y avaient rejoints. Comme une petite fille sommeillait toujours en Marie-Soleil, ils visitèrent Disney World, un parc d'attractions bien fait pour combler ces besoins tout simples de s'amuser, de s'émerveiller, de rire avec le cœur d'une enfant.

Marie-Soleil et Alain avaient tous deux des agendas si remplis que, la plupart du temps, ils ne pouvaient se permettre de s'évader que l'espace d'un week-end. Ils se rendirent à plusieurs reprises à New York, aimaient séjourner au Paramount et raffolaient de comédies musicales et de repas fins, servis dans les bons restaurants de la «Grosse Pomme». À l'occasion, la vie trépidante de New York laissait la place à des week-ends romantiques improvisés. Marie-Soleil aimait particulièrement les petits *bed & breakfast* au cœur des Montagnes Vertes. Pour elle, ce genre de vacances était le plus sûr moyen de décompresser et de briser le rythme infernal de ses horaires.

Si Marie-Soleil avait eu plus de temps libre, elle aurait visité bien d'autres pays. Mais il lui arrivait de pouvoir concilier voyages et travail. En juin 1989, alors qu'elle se trouvait en Espagne avec son amie Danyka, elle fut contactée par TVA pour participer à des photos promotionnelles pour le téléroman *Chop Suey*. On avait jugé bon de réunir à Paris les trois filles de *Chop Suey* puisque deux d'entre elles parcouraient déjà l'Europe. En effet, Valérie Gagné se trouvait alors en vacances en Italie. Anne Bédard les avait donc jointes dans la Ville Lumière pour procéder aux séances de photos. Ce séjour parisien fut pour le fameux trio une autre occasion de renforcer leur amitié.

Elle savait aussi joindre l'utile à l'agréable lors des tournages de *Fort Boyard*. Durant les quatre années où elle coanima la série, Marie-Soleil partait deux ou trois semaines. Elle profitait alors d'être en Europe soit pour revoir un ami à Londres, soit pour y visiter des régions de la France. Marie-Soleil rêvait d'un pays, certes. Et elle rêvait à tous les pays.

Chapitre XIII

La recherche d'absolu

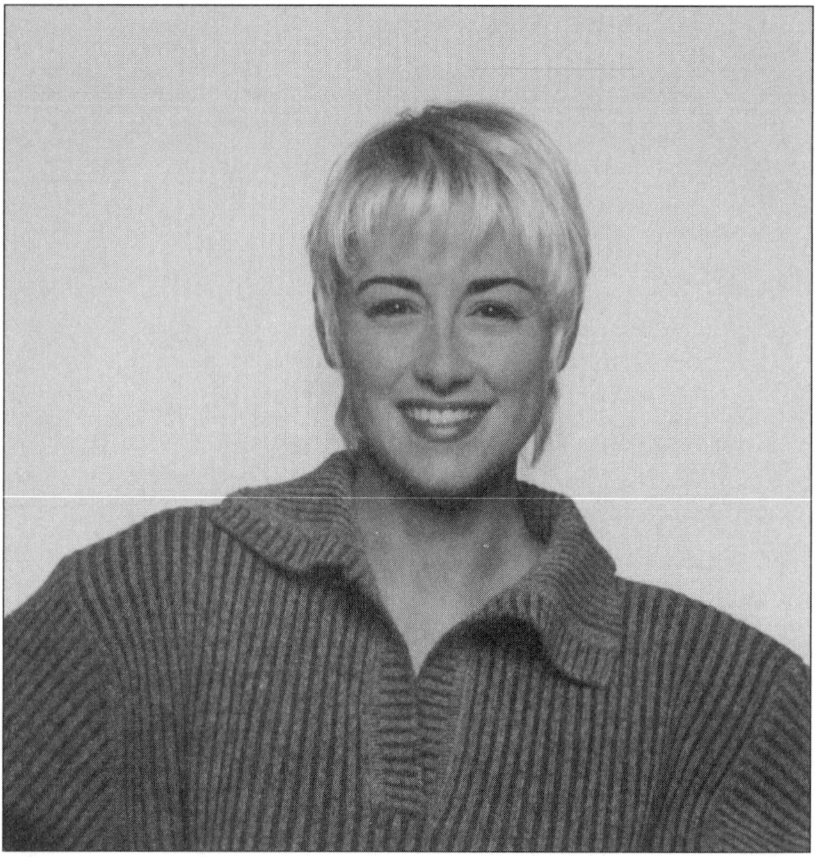

*M*arie-Soleil était constamment en quête de nouveauté, d'inédit, de dépassement. Les dernières années de sa vie ont davantage été consacrées à elle-même et il est probable que son ami de cœur, Jean-Claude Lauzon, ait eu un rôle important à jouer dans cette quête. À la fin de sa courte existence, elle semblait avoir trouvé partiellement ce qu'elle cherchait... Peut-être même une forme de bonheur.

Au cours des deux dernières années, Marie-Soleil commençait à prendre un peu de distance vis-à-vis de sa carrière. Elle voulait consacrer davantage de temps à son développement personnel. Elle avait commencé à ralentir son rythme de travail, qui n'avait plus la même priorité. Avec une certaine indépendance financière, elle pouvait se permettre de ralentir ses activités. Elle voulait se concentrer sur son métier d'actrice et souhaitait délaisser les engagements d'animatrice, mis à part Fort-Boyard et le Gala de la *Griffe d'Or*, qu'elle affectionnait. D'ailleurs, quelques années auparavant, on lui avait fait une proposition très alléchante pour coanimer une émission quotidienne de variétés – offre qu'elle avait déclinée. Lauzon lui disait constamment:

– Pense seulement à toi et fais ce qui t'intéresse vraiment.

Son compagnon lui avait appris à devenir plus intransigeante. C'est ainsi qu'elle en vint à vouloir faire les choses par goût, sans compromis.

À la recherche d'autres expériences professionnelles

Pour Marie-Soleil, se concentrer sur son métier d'actrice impliquait aussi de s'éloigner des téléromans. Depuis quinze ans, les rôles qu'elle y interprétait étaient devenus trop faciles. En revanche, elle rêvait de jouer dans des téléséries et se rapprocher de son désir le plus cher: faire du cinéma. Néanmoins, elle accepta en 1997 de reprendre du service dans le nouveau téléroman *La Part des Anges*. C'est l'auteure Sylvie Payette, qui l'avait convaincue, car Marie-Soleil aimait malgré tout son approche des séries télévisées.

Quoique attachée au Québec, elle n'écartait pas la possibilité de partir étudier quelques années à Paris ou à New York, histoire de se faire oublier un certain temps, pour poursuivre sa carrière dans une nouvelle direction. Elle en avait discuté plusieurs fois avec son père qui aurait alors laissé sa place à un agent spécialisé capable de lui ouvrir de nouvelles portes.

Lorsqu'elle assista au dernier gala Métrostar, en 1997, son camarade Marcel Lebœuf a remarqué que son enthousiasme habituel faisait défaut. Elle avait toujours le même sourire, certes, mais une certaine nostalgie était perceptible. C'était un peu comme un dernier regard que l'on porte sur quelque chose que l'on s'apprête à abandonner. Marcel y avait perçu une forme de recul, de retrait de soi, comme si elle voulait s'éloigner du métier.

Marie-Soleil voulait prendre du temps pour elle-même, profiter de chaque moment. Elle tenait à vivre sa relation amoureuse au maximum, malgré que Jean-Claude demeurât aussi imprévisible qu'au début de leur liaison. Elle voulait consacrer du temps à savourer les petits plaisirs de la vie, comme échanger des idées avec des amis, interroger la vie, reprendre contact avec la nature. Elle se rappelait les balades de sa jeunesse dans la montagne, à Saint-Hilaire, et préférait de beaucoup les paisibles banlieues à la vie urbaine.

Elle consacrait une partie de son temps à faire la cuisine, un plaisir qu'elle commençait à découvrir. Dévoreuse de romans, elle orientait sa lecture vers des ouvrages de psychologie, surtout ceux qui s'ouvrent sur une certaine moralité de la vie quotidienne.

Au cours de ses dernières conversations avec une amie, celle-ci lui demanda :

– Comment entrevois-tu ton avenir?

– Je ne me pose plus de questions là-dessus. J'ai des projets de carrière, bien sûr, mais j'ai décidé de vivre au quotidien, de profiter de la vie au maximum pour le temps qu'il me reste...

Puis elle avait cité l'extrait d'un livre :

Il est triste que les hommes finissent par trouver tout naturel d'être en vie.
Un jour, nous perdons cette faculté de nous étonner et la retrouvons juste quand nous sommes sur le point de quitter ce monde.

Certaines de ses amies s'étonnaient.

– Mais voyons, Marie-Soleil, tu n'as que vingt-sept ans et encore toute la vie devant toi!

– Oui, mais la vie passe tellement vite. Vivre est un privilège, et il faut le savourer, répondait-elle.

«Pense à toi...»

Toute sa vie, Marie-Soleil a voulu faire plaisir à sa famille et à ses amis. Lorsqu'elle commença à fréquenter Jean-Claude Lauzon, il voulut briser cette fidélité qu'il jugeait excessive pour qu'elle se réserve plus de temps. Il trouvait qu'elle avait assez donné aux autres.

– Pense à toi d'abord! disait-il souvent.

Le caractère de Jean-Claude Lauzon n'a déteint que partiellement sur elle et si, au cours de la dernière année, ses objectifs professionnels ont beaucoup changé, Marie-Soleil est toujours demeurée fidèle aux personnes qu'elle aimait.

Jean-Claude Lauzon lui a sans doute donné une énergie peu commune dans sa recherche de qualité de vie. Il est même possible qu'il l'ait provoquée à pousser toujours plus loin sa quête d'absolu, mais, selon plusieurs témoignages, il aurait surtout contribué à l'encourager dans un cheminement qu'elle avait choisi depuis longtemps.

Bien que non-croyante, Marie-Soleil était en quête d'une forme de spiritualité. Elle réfléchissait aux principes fondamentaux de la vie. D'ailleurs, lorsqu'elle commença le tournage du téléroman *La Part des Anges*, les comédiens, un par un, ont fait connaître leurs croyances à l'auteure, particulièrement au sujet des anges, redevenus populaires au cours des dernières années. Marie-Soleil, pour sa part, avait simplement dit:

– Je suis certaine qu'il existe quelque chose après la mort...

Lorsqu'elle parlait de mort avec Sylvie Payette, Marie-Soleil avait eu l'occasion de faire cette terrible prédiction:

– Je ne crois pas me rendre à quarante ans...

Un jour, avec son amie Mariouche, elle parlait du hasard. Elles croyaient toutes deux à une forme de destin et avaient évoqué une multitude d'événements qu'elles avaient vécus et les coïncidences qui les reliaient. Elles croyaient que rien n'arrivait pour rien.

– Trop, c'est trop! Ça ne peut pas être simplement un hasard... disait toujours Marie-Soleil en concluant.

Elles parlaient toutes deux du hasard, de l'inattendu, de l'inexplicable, bien avant la sortie du livre *La Prophétie des Andes*. Lorsque Marie-Soleil mit la main sur cet ouvrage, sa lecture vint confirmer ses intuitions et alimenter ses réflexions sur l'énergie de la nature.

«La mort fait partie de la vie»

Jean-Claude l'a initiée à la pêche, à la chasse et à la vie dans le Grand Nord. De retour de ses randonnées, elle parlait beaucoup à ses amies d'une forme de communion avec la nature. Elle avait lu *Le Livre tibétain de la vie et de la mort*. Cet ouvrage difficile semble avoir déclenché chez elle une nouvelle approche de la spiritualité. Elle en avait discuté avec plusieurs de ses amies et l'avait offert à Charlotte pour son anniversaire. Elle l'avait également recommandé à d'autres, notamment à Anne Dorval, qui disait souvent avoir peur de la mort.

— Lis ce livre-là, je suis certaine qu'il va t'aider à comprendre des choses. Et puis, tu sais, la mort fait partie de la vie, lui avait fait remarquer Marie-Soleil.

Certaines de ses amies avaient de la difficulté à comprendre ce qu'elle aimait dans la chasse, qu'elles voyaient à l'antithèse de ses aspirations spirituelles.

— Bien au contraire! répondait Marie-Soleil.

Elle aimait les gestes, le rituel qui les accompagne et la communion avec la nature que la chasse exige.

* * *

Par un après-midi d'automne, Marie-Soleil avait passé des heures, les pieds dans la boue, sous la pluie, à attendre l'animal. Elle avait déjà chassé sans succès le chevreuil, la perdrix et le caribou. Cette fois, elle avait réussi à tirer sans rater sa cible. Elle s'occupa personnellement d'amener sa prise chez un boucher spécialisé. Elle invita sa famille à souper chez elle. Cette fois-ci, elle n'eut pas recours à un traiteur. Elle prépara elle-même le repas et servit du chevreuil à ses invités.

— Lorsque quelqu'un a appris à chasser, il ne voit plus la nourriture de la même façon, expliquait Marie-Soleil.

Elle ajoutait:

— Chaque geste a tellement de sens.

* *
*

Des moments très heureux

En juillet 1997, juste avant de partir pour *Fort Boyard*, Marie-Soleil vivait des rapports difficiles avec Jean-Claude Lauzon et songeait sérieusement à le laisser. Cependant, dès son retour de France, elle s'était rendue directement chez lui, à Sutton. Deux semaines avant leur voyage fatal, Marie-Soleil et Jean-Claude avaient décidé de partir une semaine à la pêche au saumon. Juste avant d'entreprendre ce voyage, elle avait rencontré Louisette Dussault par hasard à l'épicerie de Sutton et lui avait sauté au cou.

Louisette avait immédiatement constaté que son élan d'enthousiasme était plus prononcé que d'habitude.

– Comment ça va avec ton «pas chum»?

Les yeux de Marie-Soleil s'embuèrent, remplis de la double émotion du voyage qu'elle entreprenait avec Jean-Claude et de l'intérêt affectueux de Louisette.

– Ça va, répondit-elle après un temps de réflexion.

– Tu as ce que tu veux?

– Oui, avait-elle répondu, non sans tendresse dans le regard.

Il semblait que Marie-Soleil ait décidé de simplement saisir ce que Lauzon avait à lui offrir sans demander ce qu'il n'avait pas appris à donner.

Durant ce voyage, elle vécut des moments très heureux avec le cinéaste. Cette semaine l'aurait véritablement comblée de bonheur. Elle téléphona à plusieurs de ses proches et laissa de nombreux messages qui en disaient long sur ce qu'elle vivait. Peut-être s'était-elle rapprochée du bonheur qu'elle recherchait. Elle revint ensuite passer chez elle quelques jours.

Le 6 août, elle profita de son passage à Montréal pour souper en famille chez son père, alors que sa mère était déjà en vacances sur la Côte Nord avec son mari Daniel.

Marie-Soleil et Jean-Claude devaient repartir le vendredi suivant, le 8 août, pour une expédition de pêche d'une semaine avec Gaston Lepage et Patrice Lécuyer. Cependant, le voyage fut avancé d'une journée et Gaston téléphona à Marie-Soleil pour l'informer qu'il partirait plutôt le jeudi 7. Il en profita pour lui demander d'acheter la nourriture de base dont ils allaient avoir besoin, responsabilité qui lui incombait pour ce voyage.

Jean-Claude possédait un chalet en commun, « Le Castor », avec son ami Gaston Lepage. Il était situé en Haute-Mauricie, près du barrage Gouin. On ne pouvait y accéder que par la voie des airs, aucune route ne s'y rendant. Ces deux dernières années, Marie-Soleil y était allée à plusieurs reprises avec Jean-Claude, en hydravion. À l'intérieur de ce chalet, on tenait un carnet de bord où chacun était invité à écrire quelques mots à partager avec les amis fréquentant les lieux. À l'instar de ses camarades, Marie-Soleil rédigeait un texte sur ses impressions personnelles chaque fois qu'elle s'y rendait.

Tout juste avant son voyage fatal, elle prit soin d'écrire ce message:

... Je suis heureuse,
je viens de vivre un été merveilleux!
J'ai vécu des moments extraordinaires et je remercie la vie
de me combler à ce point.
J'espère qu'il y aura encore bien d'autres étés comme celui-là... »

Marie-Soleil

Épilogue

La direction de l'école secondaire Ozias-Leduc, où Marie-Soleil avait étudié cinq ans, a voulu lui rendre hommage en donnant son nom à la place de rassemblement, un endroit de lumière, le cœur de l'école.

Et pour inspirer tous ceux qui aimeraient poser un geste à sa mémoire, la direction du réseau TVA a créé, en collaboration avec la famille Tougas, la *Fondation Marie-Soleil-Tougas*. C'est la première fois de son histoire que le réseau TVA pose un tel geste. Une décision qui s'explique en partie par le fait que Marie-Soleil y a travaillé pendant plus de quinze ans. Pour lui dire adieu, lors de la cérémonie télévisée le samedi suivant son décès, plus d'un million de personnes demeurèrent rivées au petit écran par un après-midi d'été ensoleillé.

Ce livre appartient à tous ceux qui m'ont aidée à reconstituer ce portrait, comme il appartient également à tous ceux qui ont aimé Marie-Soleil, à tous ceux qui ont réalisé de son vivant qu'elle était un être exceptionnel, quelqu'un qu'on rencontre une fois et qu'on ne peut oublier. Elle n'avait que vingt-sept ans, mais avait déjà accompli beaucoup. Ne serait-ce que pour son humanité, Marie-Soleil Tougas demeurera un modèle pour la communauté artistique et pour la jeunesse qu'elle a si bien représentée pendant toutes ces années.

Marie-soleil Tougas 1970-1997
Repères sur sa carrière

Télévision – Téléromans

1982 à 1987: Rôle de Zoé Cayer dans le téléroman *Peau de Banane*, de Guy et Christian Fournier

1987 à 1988: Rôle de Nathalie dans le téléroman *À plein temps*

1987 à 1994: Rôle de Judith Létourneau dans le téléroman *Chop Suey*, de Christian Fournier

1992 à 1996: Rôle de Roxanne dans le téléroman *Chambres en ville*, de Sylvie Payette

1996 à 1997: Rôle de Line dans le téléroman *Entr'Cadieux*, de Guy Fournier

Télévision – Animation

1989 à 1990: Chroniqueuse à la série *Top Jeunesse* – Animatrice de quinze émissions

1990 à 1995 : Coanimatrice de la série *Les Débrouillards* – Émission à caractère scientifique, pour les jeunes

1990 : Coanimatrice de l'émission *Montréal les Îles*

1990 : Coanimatrice de *Le Sida, faut que j't'en parle* dans le cadre de l'émission *Les Beaux Dimanches*

1991 : Coanimatrice de *Jeunes d'aujourd'hui* – Salon de la Jeunesse

1992 à 1997 : Coanimatrice du téléthon Opération Enfant Soleil

1994 à 1997 : Animatrice du *Gala de la Griffe d'Or* – Émission célébrant l'industrie de la mode québécoise

1994 à 1997 : Coanimatrice de la série *Fort Boyard*

Télésérie

1996 : Rôle d'Armande dans la télésérie *Jasmine*, de Jean-Claude Lord

Films

1983 : Personnage principal du moyen métrage *Lire et délire*, du ministère de l'Éducation

1987 : Personnage principal du moyen métrage – *J'marche pour l'amour*
Documentaire sur la prostitution juvénile à l'usage des CLSC

Théâtre

1992 : Théâtre d'été de Drummondville, *Faux départ*, une pièce de Jacques Diamant, mise en scène par Denis Bouchard

Porte-parole, animation et divers

1986:	Membre de la Commission *Je me souviens* pour l'obtention d'un statut pour l'artiste
1987:	Présidence d'honneur du Festival de création-jeunesse
1988:	Présidence d'honneur du Congrès pour l'enfance et la jeunesse
1988:	Coanimatrice du Gala de la femme
1991 à 1997:	Porte-parole d'Éduc'alcool
1992-1997:	Porte-parole d'Opération Enfant Soleil
1992:	Porte-parole des Fêtes nationales
1994:	Porte-parole de la Semaine de l'Arbre et des Forêts
1994:	Promotion Concours «Allô TVA»
1994-1996:	Membre du conseil d'administration de l'Union des Artistes
1996:	Présentatrice, *Dimanche Show Soir*
1997:	Porte-parole de la Semaine du français, avec Jim Corcoran

Publicités

1977:	*Tout le monde s'attache au Québec* – ministère des Transports
1979:	Les élections scolaires
1986:	CEQ: La rentrée scolaire
1987:	CEQ: Dominos
1987:	*L'amour, ça se protège* – ministère de la Santé et des Services sociaux
1988:	Élections Canada

1993 :   Maxwell House
1994 :   Lunetterie New Look
1995-1997 : Concessionnaires Toyota

Trophées et nominations

1986 :   *Artis* de la jeune comédienne préférée du public
1986 :   Nomination pour le *Métrostar* de la jeune artiste préférée du public
1987 :   Artis de la jeune comédienne préférée du public
1987 :   Nomination pour le *Prix Gémeaux* de la meilleure comédienne de soutien
1987 :   *Métrostar* de la jeune comédienne préférée du public
1987 :   Nomination pour le *Métrostar* de la comédienne de téléromans préférée du public
1988 :   *Artis* de la jeune comédienne préférée du public
1988 :   Nomination pour l'*Artis* de la comédienne de téléromans préférée du public
1988 :   Prix du jury en catégorie jeunesse au *Gala de la femme de l'année*
1990 :   Nomination pour la *Rose d'or* au *Gala de la femme*
1990 :   Nomination pour la comédienne de l'année, *Métrostar*
1991 :   Festival international du film scientifique de Palaiseau, prix du jeune public, *L'Espace*, et prix de la jeunesse pour *Bébé, sexe et Rock n'Roll*, série *Les Débrouillards*, coanimatrice
1991 :   Nomination pour le *Prix Gémeaux* de la meilleure animation, émission ou série jeunesse

REPÈRES SUR SA CARRIÈRE

1992 : Nomination pour le *Prix Gémeaux* de la meilleure animation, émission ou série jeunesse
1993 : Nomination pour le *Prix Gémeaux* de la meilleure animation, émission ou série jeunesse
1994 : Nomination pour le *Prix Gémeaux* de la meilleure animation, émission ou série jeunesse
1994 : *Métrostar*, meilleure actrice, rôle de soutien, pour l'émission *Chambres en ville*
1995 : Nomination, *Métrostar*, meilleure actrice, rôle de soutien

Photo Pierre Charbonneau

Table des matières

1. Le bouleversement 19
2. Une petite fille douée 29
3. Le sens du professionnalisme 43
4. Au-delà du professionnalisme: le perfectionnisme .. 59
5. La passion du défi 75
6. Place au romantisme 89
7. Les enfants: douce complicité 107
8. Une générosité hors du commun 121
9. Simple et spontanée 133
10. Un esprit de solidarité 143
11. Ses racines culturelles 157
12. Voyager encore 165
13. La recherche d'absolu 179
Épilogue 189
Repères sur sa carrière 191